Cuaderno de práctica

Ciencias

PEARSON
Scott Foresman

Oficinas editoriales: Glenview, Illinois • Parsippany, Nueva Jersey • Nueva York, Nueva York
Oficinas de ventas: Boston, Massachusetts • Duluth, Georgia • Glenview, Illinois •
Coppell, Texas • Sacramento, California • Mesa, Arizona

Autores del programa

Dr. Timothy Cooney
Professor of Earth Science and Science Education
University of Northern Iowa (UNI)
Cedar Falls, Iowa

Dr. Jim Cummins
Professor
Department of Curriculum, Teaching, and Learning
The University of Toronto
Toronto, Canada

Dr. James Flood
Distinguished Professor of Literacy and Language
School of Teacher Education
San Diego State University
San Diego, California

Barbara Kay Foots, M.Ed.
Science Education Consultant
Houston, Texas

Dra. M. Jenice Goldston
Associate Professor of Science Education
Department of Elementary Education Programs
University of Alabama
Tuscaloosa, Alabama

Dra. Shirley Gholston Key
Associate Professor of Science Education
Instruction and Curriculum Leadership
Department College of Education
University of Memphis
Memphis, Tennessee

Dra. Diane Lapp
Distinguished Professor of Reading and Language Arts in Teacher Education
San Diego State University
San Diego, California

Sheryl A. Mercier
Classroom Teacher
Dunlap Elementary School
Dunlap, California

Dra. Karen L. Ostlund
UTeach, College of Natural Sciences
The University of Texas at Austin
Austin, Texas

Dra. Nancy Romance
Professor of Science Education & Principal Investigator
NSF/IERI Science IDEAS Project
Charles E. Schmidt College of Science
Florida Atlantic University
Boca Raton, Florida

Dr. William Tate
Chair and Professor of Education and Applied Statistics
Department of Education
Washington University
St. Louis, Missouri

Dra. Kathryn C. Thornton
Professor
School of Engineering and Applied Science
University of Virginia
Charlottesville, Virginia

Dr. Leon Ukens
Professor of Science Education
Department of Physics, Astronomy, and Geosciences
Towson University
Towson, Maryland

Steve Weinberg
Consultant
Connecticut Center for Advanced Technology
East Hartford, Connecticut

Autor asesor

Dr. Michael P. Klentschy
Superintendent
El Centro Elementary School District
El Centro, California

Asesora bilingüe

Ana María Vites, Ph.D.
Science Teacher
Northside College Preparatory High School
Chicago, Illinois

ISBN: 0-328-22283-6

Copyright © Pearson Education, Inc.
All Rights Reserved. Printed in the United States of America. This publication is protected by Copyright, and permission should be obtained from the publisher prior to any prohibited reproduction, storage in a retrieval system, or transmission in any form by any means, electronic, mechanical, photocopying, recording, or likewise. For information regarding permission(s), write to: Permissions Department, Scott Foresman, 1900 East Lake Avenue, Glenview, Illinois 60025.

4 5 6 7 8 9 10 V084 14 13 12 11 10 09 08 07

Unidad A
Ciencias de la vida

Capítulo 1 • Las plantas y su crecimiento
Vistazo al vocabulario 1
Cómo leer en Ciencias 2
Lección 1 .... 4, 4A
Lección 2 .... 5, 5A
Lección 3 .... 6, 6A
Lección 4 .... 7, 7A
Lección 5 .... 8, 8A
Matemáticas en Ciencias 9
Libro para el hogar 11
Uso de ilustraciones en Ciencias 167

Capítulo 2 • Cómo viven los animales
Vistazo al vocabulario 13
Cómo leer en Ciencias 14
Lección 1 .... 16, 16A
Lección 2 .... 17, 17A
Lección 3 .... 18, 18A
Lección 4 .... 19, 19A
Matemáticas en Ciencias 20
Libro para el hogar 21
Uso de ilustraciones en Ciencias 169

Capítulo 3 • ¿Dónde viven las plantas y los animales?
Vistazo al vocabulario 23
Cómo leer en Ciencias 24
Lección 1 .... 26, 26A
Lección 2 .... 27, 27A
Lección 3 .... 28, 28A
Lección 4 .... 29, 29A
Matemáticas en Ciencias 30
Libro para el hogar 31
Uso de ilustraciones en Ciencias 171

Capítulo 4 • Las plantas y los animales viven juntos
Vistazo al vocabulario 33
Cómo leer en Ciencias 34
Lección 1 .... 36, 36A
Lección 2 .... 37, 37A
Lección 3 .... 38, 38A
Lección 4 .... 39, 39A
Lección 5 .... 40, 40A
Lección 6 .... 41, 41A
Matemáticas en Ciencias 42
Libro para el hogar 43
Uso de ilustraciones en Ciencias 173

Unidad B
Ciencias de la Tierra

Capítulo 5 • Agua
Vistazo al vocabulario 45
Cómo leer en Ciencias 46
Lección 1 .... 48, 48A
Lección 2 .... 49, 49A
Matemáticas en Ciencias 50
Libro para el hogar 51
Uso de ilustraciones en Ciencias 175

Capítulo 6 • Estados del tiempo
Vistazo al vocabulario 53
Cómo leer en Ciencias 54
Lección 1 .... 56, 56A
Lección 2 .... 57, 57A
Matemáticas en Ciencias 58
Libro para el hogar 59
Uso de ilustraciones en Ciencias 177

Capítulo 7 • Rocas y suelos
Vistazo al vocabulario 61
Cómo leer en Ciencias 62
Lección 1 .... 64, 64A
Lección 2 .... 65, 65A
Lección 3 .... 66, 66A
Matemáticas en Ciencias 67
Libro para el hogar 69
Uso de ilustraciones en Ciencias 179

Capítulo 8 • Cambios en la Tierra
Vistazo al vocabulario 71
Cómo leer en Ciencias 72
Lección 1 .... 74, 74A
Lección 2 .... 75, 75A
Lección 3 .... 76, 76A
Matemáticas en Ciencias 77
Libro para el hogar 79
Uso de ilustraciones en Ciencias 181

Capítulo 9 • Recursos naturales
Vistazo al vocabulario 81
Cómo leer en Ciencias 82
Lección 1 .... 84, 84A
Lección 2 .... 85, 85A
Lección 3 .... 86, 86A
Matemáticas en Ciencias 87
Libro para el hogar 89
Uso de ilustraciones en Ciencias 183

Unidad C
Ciencias físicas

Capítulo 10 • La materia y sus propiedades
Vistazo al vocabulario 91
Cómo leer en Ciencias 92
Lección 1 .... 94, 94A
Lección 2 .... 95, 95A
Matemáticas en Ciencias 96
Libro para el hogar 97
Uso de ilustraciones en Ciencias 185

Capítulo 11 • Cambios de la materia
Vistazo al vocabulario 99
Cómo leer en Ciencias 100
Lección 1 .... 102, 102A
Lección 2 .... 103, 103A
Lección 3 .... 104, 104A
Matemáticas en Ciencias 105
Libro para el hogar 107
Uso de ilustraciones en Ciencias 187

Capítulo 12 • Fuerza y movimiento
Vistazo al vocabulario 109
Cómo leer en Ciencias 110
Lección 1 .... 112, 112A
Lección 2 .... 113, 113A
Lección 3 .... 114, 114A
Matemáticas en Ciencias 115
Libro para el hogar 117
Uso de ilustraciones en Ciencias 189

Capítulo 13 • Energía
Vistazo al vocabulario 119
Cómo leer en Ciencias 120
Lección 1 .... 122, 122A
Lección 2 .... 123, 123A
Lección 3 .... 124, 124A
Lección 4 .... 125, 125A
Lección 5 .... 126, 126A
Matemáticas en Ciencias 127
Libro para el hogar 129
Uso de ilustraciones en Ciencias 191

Capítulo 14 • Sonido
Vistazo al vocabulario 131
Cómo leer en Ciencias 132
Lección 1 .... 134, 134A
Lección 2 .... 135, 135A
Matemáticas en Ciencias 136
Libro para el hogar 137
Uso de ilustraciones en Ciencias 193

Unidad D
Espacio y tecnología

Capítulo 15 • Patrones del cielo
Vistazo al vocabulario 139
Cómo leer en Ciencias 140
Lección 1 .... 142, 142A
Lección 2 .... 143, 143A
Lección 3 .... 144, 144A
Lección 4 .... 145, 145A
Matemáticas en Ciencias 146
Libro para el hogar 147
Uso de ilustraciones en Ciencias 195

Capítulo 16 • El sistema solar
Vistazo al vocabulario 149
Cómo leer en Ciencias 150
Lección 1 .... 152, 152A
Lección 2 .... 153, 153A
Matemáticas en Ciencias 154
Libro para el hogar 155
Uso de ilustraciones en Ciencias 197

Capítulo 17 • Las ciencias en nuestra vida
Vistazo al vocabulario 157
Cómo leer en Ciencias 158
Lección 1 .... 160, 160A
Lección 2 .... 161, 161A
Lección 3 .... 162, 162A
Matemáticas en Ciencias 163
Libro para el hogar 165
Uso de ilustraciones en Ciencias 199

Nombre _____

Vistazo al vocabulario

Usar con el Capítulo 1.

¿Qué significa la palabra en negrita en cada oración?
Encierra en un círculo la letra que tiene la mejor respuesta.

1. Los árboles **deciduos** ya no tenían hojas el 1 de diciembre.
   A. muertos o moribundos
   B. que pierden sus hojas cada año

2. Las **plántulas** crecieron de las semillas que sembramos.
   A. hojas nuevas
   B. pequeñas plantas jóvenes

3. A menudo, las abejas **polinizan** las flores al volar de planta en planta.
   A. llevar polen hasta la parte que produce las semillas
   B. extraer polen para producir semillas

4. El árbol de pino es un ejemplo de **conífera**.
   A. árbol que tiene conos para producir semillas
   B. planta que huele fuerte

5. Las semillas pueden **germinar** si reciben la cantidad adecuada de agua, luz y aire.
   A. vivir mucho tiempo
   B. empezar a crecer

6. Al principio, las plantas que están por nacer obtienen el alimento de su **cotiledón**.
   A. parte verde de una planta
   B. parte de una semilla que almacena alimento

7. Observando los **fósiles**, podemos aprender sobre las plantas que vivieron hace mucho tiempo.
   A. marcas que quedan en las rocas
   B. plantas que ya no están vivas

8. El **sistema** de raíces de una planta absorbe agua y minerales y fija la planta al suelo.
   A. partes pequeñas
   B. partes que funcionan juntas

9. Muchas plantas que alguna vez crecieron en la Tierra ahora están **extintas**.
   A. que son más pequeñas
   B. que ya no están vivas

Notas para el hogar: Su niño(a) aprendió los términos de vocabulario del Capítulo 1.
Actividad para el hogar: Pida a su niño(a) que le muestre las ilustraciones del libro que le ayudan a comprender los términos de vocabulario. Usen las palabras para formar oraciones mientras hablan de las ilustraciones.

Nombre _____

Usar con el Capítulo 1.

 **Comparar y contrastar**

Lee el párrafo.

Árboles y pastos

Los árboles y los pastos son plantas. Ambos tienen hojas y sistemas de raíces. Ambos necesitan la luz del Sol, agua y minerales. Sin embargo, los pastos son pequeños, con tallos suaves y raíces delgadas. Los árboles son altos, con tallos de madera y raíces grandes y profundas.

¡Aplícalo!

¿En qué se parecen y en qué se diferencian los árboles y los pastos? Usa la información del artículo científico para completar el organizador gráfico de la página 3.

Nombre _____

Cómo leer en Ciencias

Usar con el Capítulo 1.

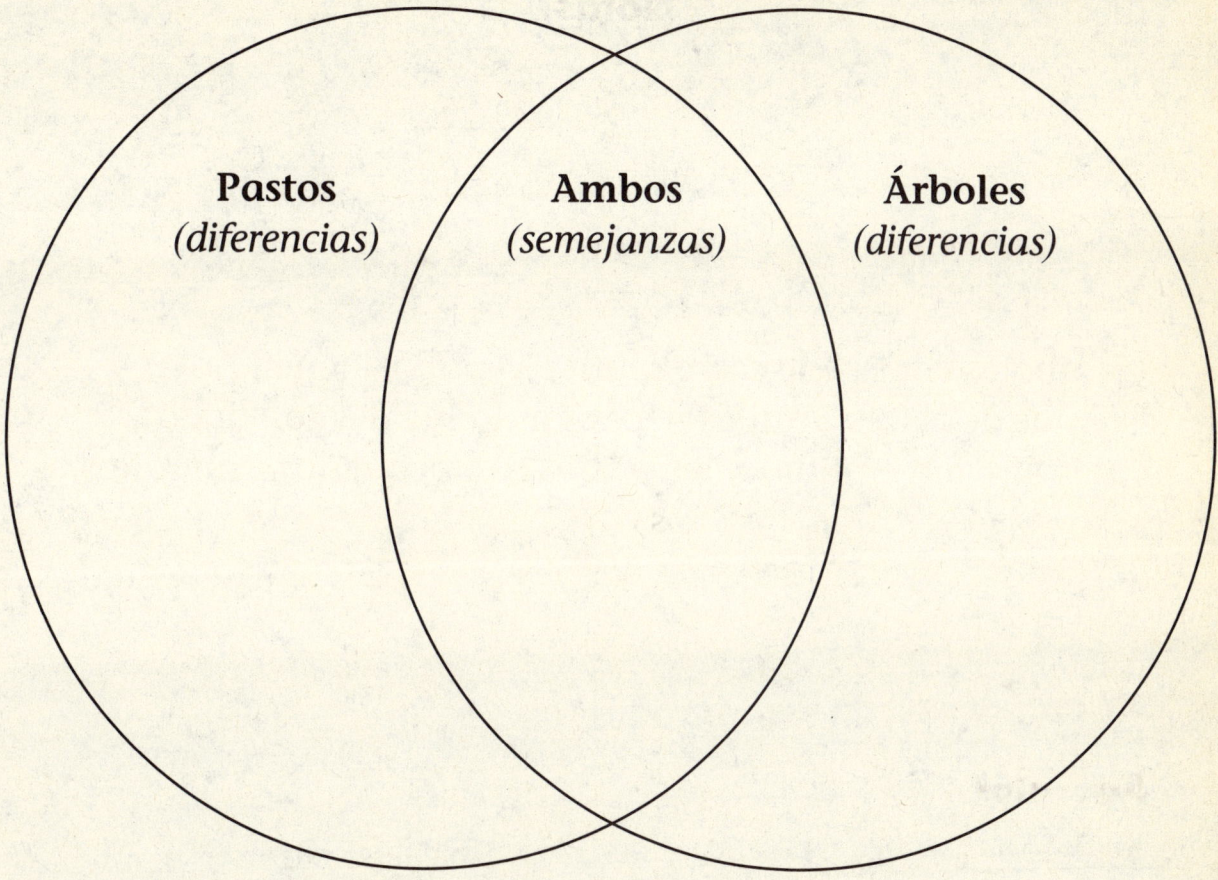

Pastos
(diferencias)

Ambos
(semejanzas)

Árboles
(diferencias)

Notas para el hogar: Su niño(a) aprendió cómo comparar y contrastar seres vivos.
Actividad para el hogar: Lean juntos la información de dos paquetes diferentes de semillas. Hablen acerca de las semejanzas y diferencias de las plantas en relación con sus necesidades y hábitos de crecimiento.

Cuaderno de práctica

Cómo leer en Ciencias **3**

Notas

Nombre _____

Piensa, lee y aprende

Usar con las páginas 18–21.

Lección 4: ¿Cómo crece una nueva planta?

Antes de leer la Lección 4

Lee las siguientes afirmaciones. Marca el círculo para indicar si estás de acuerdo o en desacuerdo con cada una.

	De acuerdo	En desacuerdo
1. La plántula protege la semilla.	○	○
2. El cotiledón se convierte en una nueva planta.	○	○
3. Las semillas pegajosas son esparcidas por los animales.	○	○

Después de leer la Lección 4

Vuelve a leer las afirmaciones anteriores. Si la lección apoya tu elección, marca el círculo *Correcto*. Luego, explica cómo apoya el texto tu elección. Si la lección no la apoya, marca el círculo *Incorrecto*. Luego explica por qué tu elección está equivocada.

	Correcto	Incorrecto
1. _____	○	○
2. _____	○	○
3. _____	○	○

Notas para el hogar: Su niño(a) completó un repaso previo y posterior de los conceptos clave de la lección.
Actividad para el hogar: Reúnan diferentes tipos de semillas de paquete, semillas de frutas o semillas que encuentren fuera de la casa. Pregúntele a su niño(a) cómo cree que se esparce cada una.

Cuaderno de práctica

Piensa, lee y aprende

Nombre _____

Lección 4: Repaso

Usar con las páginas 18–21.

Repasar términos: Completar oraciones

Completa cada oración con la palabra o frase correcta.

_____ 1. Una semilla puede ____, o empezar a crecer, cuando las condiciones son adecuadas. (esparcirse, germinar)

_____ 2. Una planta nueva usa el alimento almacenado en ____. (el cotiledón, la plántula)

_____ 3. La ____ es una planta que ya ha germinado. (plántula, flor)

Repasar conceptos: Verdadero o falso

Escribe V (verdadero) o F (falso) en la línea que está antes de cada oración.

_____ 4. Algunas semillas son esparcidas por animales.

_____ 5. Una semilla puede germinar sin importar la temperatura existente.

_____ 6. Los cocos son semillas esparcidas por el viento.

_____ 7. Las semillas están protegidas por una envoltura.

_____ 8. Todas las semillas se esparcen de la misma manera.

Aplicar estrategias: Gráficas de barras

9. Kendra sembró unas semillas. Luego contó cuántas semillas germinaron cada día. Haz una gráfica de barras con los datos de Kendra. (2 puntos)

_____

_____

_____

Día	Número de semillas germinadas
Lunes	5
Martes	3
Miércoles	2

Nombre _____

Piensa, lee y aprende

Usar con las páginas 22–25.

Lección 5: ¿En qué se parecen las plantas de hoy a las plantas del pasado?

Antes de leer la Lección 5

Lee las siguientes afirmaciones. Marca el círculo para indicar si estás de acuerdo o en desacuerdo con cada una.

	De acuerdo	En desacuerdo
1. Las primeras plantas no tenían flores ni conos.	○	○
2. Las plantas vivas son exactas a las plantas extintas.	○	○
3. Un fósil petrificado está hecho de roca.	○	○

Después de leer la Lección 5

Vuelve a leer las afirmaciones anteriores. Si la lección apoya tu elección, marca el círculo *Correcto.* Luego, explica cómo apoya el texto tu elección. Si la lección no la apoya, marca el círculo *Incorrecto.* Luego explica por qué tu elección está equivocada.

	Correcto	Incorrecto
1. _____	○	○
2. _____	○	○
3. _____	○	○

Notas para el hogar: Su niño(a) completó un repaso previo y posterior de los conceptos clave de la lección.
Actividad para el hogar: Pida a su niño(a) que compare la imagen de un helecho con los fósiles de helechos que se muestran en la página 23. Hablen de sus semejanzas y diferencias.

Cuaderno de práctica

Nombre _____

Lección 5: Repaso

Usar con las páginas 22–25.

Repasar conceptos: Unir

Une cada definición con la palabra correcta. Escribe la letra en la línea junto a cada definición.

_____ 1. restos o marcas de un ser vivo que existió hace mucho tiempo

_____ 2. plantas que ya no existen en ningún lugar de la Tierra

a. extintas
b. fósil

Repasar conceptos: Verdadero o falso

Escribe V (verdadero) o F (falso) en la línea que está antes de cada oración.

_____ 3. Los fósiles no muestran nada sobre las plantas que existieron hace mucho tiempo.

_____ 4. Los fósiles se forman cuando la roca reemplaza las partes de una planta.

_____ 5. Los fósiles se forman en períodos cortos de tiempo.

_____ 6. Algunos fósiles de plantas son impresiones.

_____ 7. Hoy en día crecen plantas extintas en la Tierra.

_____ 8. Algunas plantas que viven hoy en día son parecidas a las antiguas.

Aplicar estrategias: Secuencia

Usa oraciones completas para responder la pregunta 9. (2 puntos)

9. Usa las palabras clave de las siguientes oraciones para escribir los pasos de formación de un fósil en el orden correcto.

Después, la planta queda aplastada en el barro.
Finalmente, el barro se endurece y se convierte en roca.
Primero, la planta muere.
Luego, la planta se pudre.

_____

_____

_____

8A Repaso de la lección Cuaderno de práctica

Nombre_____

Matemáticas en Ciencias

Usar con el Capítulo 1.

Tiempo transcurrido

Jaime se ocupará de la huerta durante julio. Las plantas de la huerta deben regarse cada tres días. Además, Jaime tiene que demalezar cada siete días.

				Julio		
				1 arrancar la maleza regar	2	3
4	5	6	7	8	9	10
11	12	13	14	15	16	17
18	19	20	21	22	23	24
25	26	27	28	29	30	31

1. Jaime desmaleza y riega la huerta el 1 de julio. Encierra en un círculo los días del mes de julio en que debe regar. Pon una estrella junto a los días en que debe arrancar la maleza.

2. ¿En qué fechas desmalezará Jaime la huerta?

   _____

3. ¿En qué fechas regará Jaime la huerta?

   _____

4. ¿Cuántas veces más regará que desmalezará?

   _____

Notas para el hogar: Su niño(a) aprendió a medir el tiempo en el que transcurre un proceso.
Actividad para el hogar: Hablen acerca de las maneras en que su niño(a) puede obtener las fechas de calendario (contando días, o sumándole 3 y 7 respectivamente a la fecha una y otra vez).

Cuaderno de práctica

Matemáticas en Ciencias

Notas

Libro para el hogar

Usar con el Capítulo 1.

Querida familia:

Su niño(a) está aprendiendo sobre diferentes tipos de plantas y sus características. En el capítulo de Ciencias "Las plantas y su crecimiento", nuestra clase aprendió sobre las diferentes partes de las plantas y las formas en que cada parte las ayuda a sobrevivir. Los niños también aprendieron cómo las plantas producen más plantas y cómo han cambiado con el tiempo.

Además de aprender cómo viven y crecen las plantas, los niños también aprendieron muchas palabras nuevas de vocabulario. Ayude a su niño(a) para que estas palabras pasen a formar parte de su propio vocabulario y úsenlas cuando hablen de plantas.

> sistema
> deciduo
> polinizar
> conífera
> cotiledón
> germinar
> plántula
> fósil
> extinto

Las siguientes páginas contienen actividades que usted y su niño(a) pueden hacer juntos. Su participación en la educación de su niño(a) ayudará a trasladar el aprendizaje al hogar.

© Pearson Education, Inc.

Actividad de Ciencias en familia
Un paseo por la naturaleza

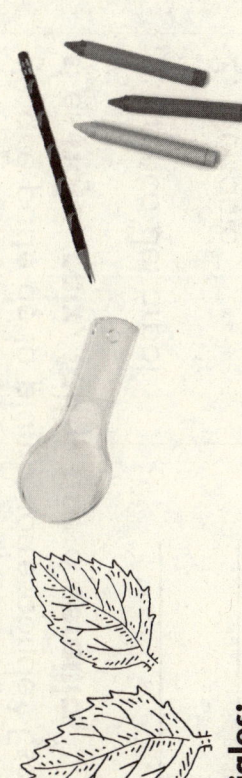

Materiales:
- papel y lápiz
- marcadores o creyones
- lupa (opcional)
- regla

Pasos:

1. Salgan a buscar hojas. Su niño(a) debe recoger al menos dos tipos diferentes de hojas para llevar a casa.
2. No dejen secar las hojas. Es difícil trabajar con ellas si están quebradizas.
3. Diga a su niño(a) que coja las hojas y las observe con atención. Dibújenlas adentro de un cuadro en el papel.
4. Usen una lupa para observar los nervios de las hojas. ¿Qué más pueden ver con la lupa?
5. Midan el largo y el ancho de cada hoja.
6. Tracen el contorno de las hojas en el papel.
7. Coloreen las hojas que trazaron en el papel para que parezcan de verdad. Escriban algunas oraciones para describirlas.

Coméntenlo

¿Por qué las plantas tienen hojas? ¿Todas las hojas se ven iguales? ¿Qué hacen las hojas por las plantas? ¿Las hojas cambian de color? ¿Cómo? ¿Cuándo? ¿Qué les sucede a las hojas en el otoño?

Cuaderno de práctica

Práctica de vocabulario

Ordena las letras para hallar las siguientes palabras de vocabulario.

1. INIPAZLRO _____
2. XONTITE _____
3. FOÍRENAC _____
4. IAETSMS _____
5. EUIDCOD _____
6. LÓFIS _____
7. ARINEGRM _____

RESPUESTAS: 1. polinizar, 2. extinto, 3. conífera, 4. sistema, 5. deciduo, 6. fósil, 7. germinar

© Pearson Education, Inc.

Identificar las partes de las plantas

¿A qué parte de la planta corresponde? Escriban si es **hoja, raíz, tallo, flor** o **semilla**.

1. Tronco del árbol _____
2. Guisante _____
3. Lechuga _____
4. Grano de maíz _____
5. Brizna de pasto _____
6. Rosa _____
7. Zanahoria _____

Dato curioso

La planta viva más alta del mundo es un árbol de secuoya de California. ¡Este árbol gigante mide más de 369 pies de altura! Los guardabosques mantienen su ubicación exacta en secreto para protegerlo.

RESPUESTAS: 1. tallo, 2. semilla, 3. flor, 4. semilla, 5. tallo, 6. flor, 7. raíz

12 Libro para el hogar   Cuaderno de práctica

Nombre _____

Vistazo al vocabulario

Usar con el Capítulo 2.

Escoge una palabra para completar cada oración.
Subraya las pistas que te ayudaron a decidir.

| vertebrados | heredado | hibernar | pupa |
| adaptación | migrar | larva | rasgo |

1. Un perro, un pez y una persona son ejemplos de _____, o animales con columna vertebral.

2. Del huevo de un insecto nace la _____, que come mucho y crece rápido.

3. Las _____, como dientes filosos o patas palmeadas, ayudan a los animales a sobrevivir en el lugar donde viven.

4. Los _____ son características del cuerpo que pasan de padres a hijos.

5. Se dice que un rasgo que siempre pasa de padres a hijos es _____.

6. La oruga forma una cubierta dura alrededor de su cuerpo y se convierte en una _____. Cuando salga, será adulta.

7. Algunos animales _____ hacia el sur en el invierno. Allí pueden hallar alimentos.

8. Otros animales saben cuándo _____, o hacer funcionar su cuerpo más despacio y dormir mucho tiempo.

Notas para el hogar: Su niño(a) aprendió los términos de vocabulario del Capítulo 2.
Actividad para el hogar: Pida a su niño(a) que use las ilustraciones del texto para dar ejemplos que le ayuden a definir las palabras de vocabulario. Pueden representar las palabras que indican acción.

Cuaderno de práctica

Nombre _____

Cómo leer en Ciencias

Usar con el Capítulo 2.

Secuencia

Lee el párrafo.

Canguro

Mamá canguro tiene una cría pequeñita. Sólo mide una pulgada de largo. Apenas nace, la cría se arrastra hasta la bolsa de su madre. Ahí se alimenta de leche durante seis u ocho meses. Finalmente es grande y fuerte para saltar por todas partes y comer por sí sola.

Nombre _____

Cómo leer en Ciencias

Usar con el Capítulo 2.

¡Aplícalo!

¿Cuál es la secuencia de sucesos del párrafo sobre el canguro? Completa el organizador gráfico para que muestres el orden correcto.

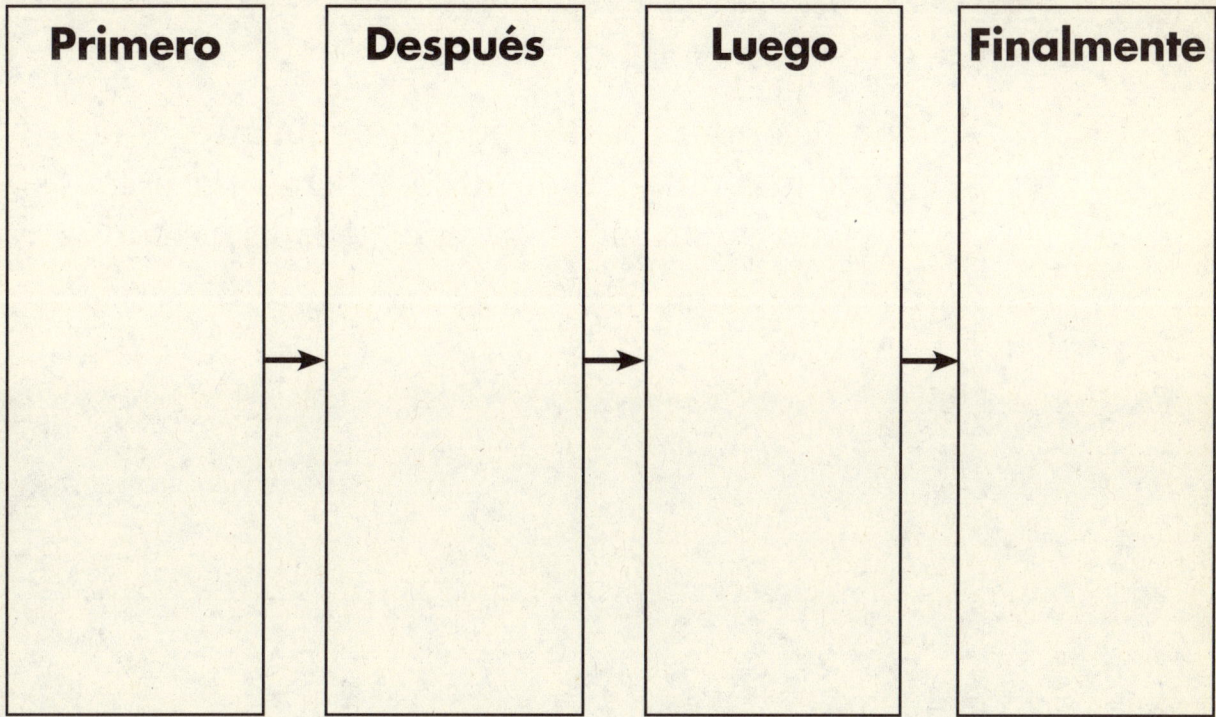

Notas para el hogar: Su niño(a) aprendió a reconocer la secuencia de sucesos de un proceso.
Actividad para el hogar: Lea con su niño(a) un libro de la biblioteca sobre cómo crece y cambia un animal. Hablen sobre las etapas de vida del animal usando las palabras *primero, después, luego* y *finalmente*.

Cuaderno de práctica — Cómo leer en Ciencias

Notas

Nombre _____

Piensa, lee y aprende

Usar con las páginas 39–43.

Lección 1: ¿Cómo agrupamos los animales?

Antes de leer la Lección 1

Lee las siguientes afirmaciones. Marca el círculo para indicar si estás de acuerdo o en desacuerdo con cada una.

	De acuerdo	En desacuerdo
1. Hay muchos más invertebrados que vertebrados.	○	○
2. Todos los vertebrados tienen columna vertebral.	○	○
3. Los gatos son vertebrados, pero los peces no.	○	○

Después de leer la Lección 1

Vuelve a leer las afirmaciones anteriores. Si la lección apoya tu elección, marca el círculo *Correcto*. Luego, explica cómo apoya el texto tu elección. Si la lección no la apoya, marca el círculo *Incorrecto*. Luego, explica por qué tu selección está equivocada.

	Correcto	Incorrecto
1. _____	○	○
2. _____	○	○
3. _____	○	○

Notas para el hogar: Su niño(a) completó un repaso previo y posterior de los conceptos clave de la lección.
Actividad para el hogar: Pida a su niño(a) que recorte ilustraciones de animales de una revista y que los agrupe para mostrar en que se parecen.

Cuaderno de práctica

Piensa, lee y aprende **16**

Nombre _____

Lección 1: Repaso

Usar con las páginas 39–43.

Repasar términos: Completar oraciones

Completa cada oración con la palabra o frase correcta.

_____ 1. ___ son características de los animales, por ejemplo las branquias o las escamas de los peces. (Los rasgos, Las necesidades)

_____ 2. Los gatos y los perros son ___ porque tienen columna vertebral. (vertebrados, invertebrados)

Repasar conceptos: Unir

Une cada vertebrado con el grupo correcto. Escribe la letra en la línea junto a cada vertebrado.

_____ 3. serpiente   a. mamífero
_____ 4. rana   b. reptil
_____ 5. perro   c. anfibio

Une cada invertebrado con el grupo correcto. Escribe la letra en la línea junto a cada invertebrado.

_____ 6. pulpo   a. artrópodo
_____ 7. cangrejo   b. gusano
_____ 8. lombriz de tierra   c. molusco

Aplicar estrategias: Calcular

9. En una visita al zoológico, la clase de Jennifer vio 20 especies de peces, 5 especies de anfibios, 10 especies de aves y 12 especies de mamíferos. ¿Cuántas especies vio la clase en total? Muestra tu trabajo. (2 puntos)

_____

_____

16A Repaso de la lección   Cuaderno de práctica

Nombre _____

Piensa, lee y aprende

Usar con las páginas 44–47.

Lección 2: ¿Cómo crecen y cambian los animales?

Antes de leer la Lección 2

Lee las siguientes afirmaciones. Marca el círculo para indicar si estás de acuerdo o en desacuerdo con cada una.

	De acuerdo	En desacuerdo
1. Todos los animales se desarrollan dentro de su madre.	○	○
2. La primera etapa del ciclo de vida de una mariposa es la pupa.	○	○
3. Las ranas muy jóvenes se comportan como peces.	○	○

Después de leer la Lección 2

Vuelve a leer las afirmaciones anteriores. Si la lección apoya tu elección, marca el círculo *Correcto*. Luego, explica cómo apoya el texto tu elección. Si la lección no la apoya, marca el círculo *Incorrecto*. Luego, explica por qué tu selección está equivocada.

	Correcto	Incorrecto
1. _____ _____	○	○
2. _____ _____	○	○
3. _____ _____	○	○

Notas para el hogar: Su niño(a) completó un repaso previo y posterior de los conceptos clave de la lección.
Actividad para el hogar: Pida a su niño(a) que compare fotografías de sí mismo a diferentes edades y que observe cómo ha ido cambiando a medida que ha crecido.

Cuaderno de práctica

Nombre _____

Lección 2: Repaso

Usar con las páginas 44–47.

Repasar términos: Unir

Une cada definición con la palabra correcta. Escribe la letra en la línea junto a cada definición.

_____ 1. primera etapa en el ciclo de vida de una mariposa después de nacer de un huevo

_____ 2. etapa del ciclo de vida de una mariposa cuando forma una cubierta dura

a. larva
b. pupa

Repasar conceptos: Verdadero o falso

Escribe **V** (verdadero) o **F** (falso) en la línea que está antes de cada oración.

_____ 3. Todos los animales tienen los mismos pasos en el ciclo de vida.

_____ 4. Algunos animales empiezan su vida como huevos.

_____ 5. El desarrollo es la parte del ciclo de vida de un animal en que se hace adulto.

_____ 6. La mariposa adulta sale de una larva.

_____ 7. Los mamíferos tienen más cambios en su ciclo de vida que los insectos o los anfibios.

_____ 8. Cuando los mamíferos nacen, toman la leche de su madre.

Escribir

Usa oraciones completas para responder la pregunta 9. (2 puntos)

9. Describe una semejanza entre el ciclo de vida de una mariposa y el ciclo de vida de una rana. Describe una diferencia entre ambos.

_____

_____

_____

Nombre _____

Piensa, lee y aprende

Usar con las páginas 48–53.

Lección 3: ¿Cómo ayudan las adaptaciones a los animales?

Antes de leer la Lección 3

Lee las siguientes afirmaciones. Marca el círculo para indicar si estás de acuerdo o en desacuerdo con cada una.

	De acuerdo	En desacuerdo
1. Las partes del cuerpo son adaptaciones.	○	○
2. Las adaptaciones deben ser aprendidas.	○	○
3. Cuando los animales migran, duermen mucho tiempo.	○	○

Después de leer la Lección 3

Vuelve a leer las afirmaciones anteriores. Si la lección apoya tu elección, marca el círculo *Correcto*. Luego, explica cómo apoya el texto tu elección. Si la lección no la apoya, marca el círculo *Incorrecto*. Luego, explica por qué tu selección está equivocada.

	Correcto	Incorrecto
1. _____	○	○
_____		
2. _____	○	○
_____		
3. _____	○	○
_____		

Notas para el hogar: Su niño(a) completó un repaso previo y posterior de los conceptos clave de la lección.
Actividad para el hogar: Hable con su niño(a) acerca de las adaptaciones que ayudan a sobrevivir a una mascota o un animal salvaje.

Cuaderno de práctica

Nombre _____

Lección 3: Repaso

Usar con las páginas 48–53.

Repasar términos: Unir

Une cada definición con la palabra correcta. Escribe la letra en la línea junto a cada definición.

_____ 1. rasgo que ayuda a los animales a satisfacer sus necesidades

_____ 2. cuando un rasgo pasa de padres a hijos

_____ 3. cuando los animales se mudan a medida que cambian las estaciones

_____ 4. cuando los sistemas del cuerpo de los animales funcionan más despacio para ahorrar energía

a. heredar
b. adaptación
c. migrar
d. hibernar

Repasar conceptos: Verdadero o falso

Escribe **V** (verdadero) o **F** (falso) en la línea que está antes de cada oración.

_____ 5. El pico de un ave es una adaptación que le ayuda a satisfacer su necesidad de alimento.

_____ 6. Cuando un animal inofensivo parece venenoso, se dice que está camuflado.

_____ 7. El mimetismo es una adaptación que le permite a un animal mezclarse con su medio ambiente.

_____ 8. Instinto es una conducta que el animal conoce desde que nace.

Escribir

Usa oraciones completas para responder la pregunta 9. (2 puntos)

9. Describe dos formas en que la migración ayuda a los animales a sobrevivir.

_____

_____

Repaso de la lección

Cuaderno de práctica

Nombre _____

Piensa, lee y aprende

Usar con las páginas 54–57.

Lección 4: ¿En qué se parecen los animales de hoy a los del pasado?

Antes de leer la Lección 4

Lee las siguientes afirmaciones. Marca el círculo para indicar si estás de acuerdo o en desacuerdo con cada una.

	De acuerdo	En desacuerdo
1. Un fósil es el esqueleto de un animal.	○	○
2. Los fósiles muestran cómo ha cambiado la vida en la Tierra.	○	○
3. Un desierto actual pudo ser una selva en el pasado.	○	○

Después de leer la Lección 4

Vuelve a leer las afirmaciones anteriores. Si la lección apoya tu elección, marca el círculo *Correcto*. Luego, explica cómo apoya el texto tu elección. Si la lección no la apoya, marca el círculo *Incorrecto*. Luego, explica por qué tu selección está equivocada.

	Correcto	Incorrecto
1. _____ _____	○	○
2. _____ _____	○	○
3. _____ _____	○	○

Notas para el hogar: Su niño(a) completó un repaso previo y posterior de los conceptos clave de la lección.
Actividad para el hogar: Pida a su niño(a) que use plastilina para modelar partes de animales, por ejemplo una pata o una concha. Hablen sobre cómo se forman los fósiles en la naturaleza.

Nombre _____

Lección 4: Repaso

Usar con las páginas 54–57.

Repasar términos: Completar oraciones

_____ 1. Un ____ es una huella de vida que existió en el pasado. (fósil, extinto)

_____ 2. Sólo las partes ____ de los animales se convierten en fósiles. (duras, blandas)

_____ 3. Un ____ se forma cuando el molde de un fósil se llena de materiales rocosos. (contramolde, ámbar)

_____ 4. La savia endurecida de un árbol se llama ____. (ámbar, hueso)

_____ 5. Los fósiles hallados en pozos de alquitrán son ____. (huesos originales, minerales)

_____ 6. Un tipo de animal extinto es el que ____. (ya no vive, se halla en todas partes)

_____ 7. Los fósiles muestran que la Tierra ha ____ a lo largo del tiempo. (permanecido igual, cambiado)

_____ 8. Los fósiles muestran que ____ animales de hoy se parecen a los animales extintos. (algunos, todos los)

Aplicar estrategias: Secuencia

9. Algunos insectos se conservan en ámbar. A continuación se presentan los pasos en desorden. Usa las palabras clave de las oraciones y escribe los pasos en el orden correcto. (2 puntos)
Después, la savia cubre por completo al insecto
Finalmente, la savia se convierte en ámbar.
Primero, el insecto queda atrapado en la savia pegajosa.

_____

_____

_____

Nombre _____

Matemáticas en Ciencias

Usar con el Capítulo 2.

Comparar rasgos de los animales

Una gráfica te ayuda a comparar números y cantidades.
Lee la gráfica. Luego, responde las preguntas.

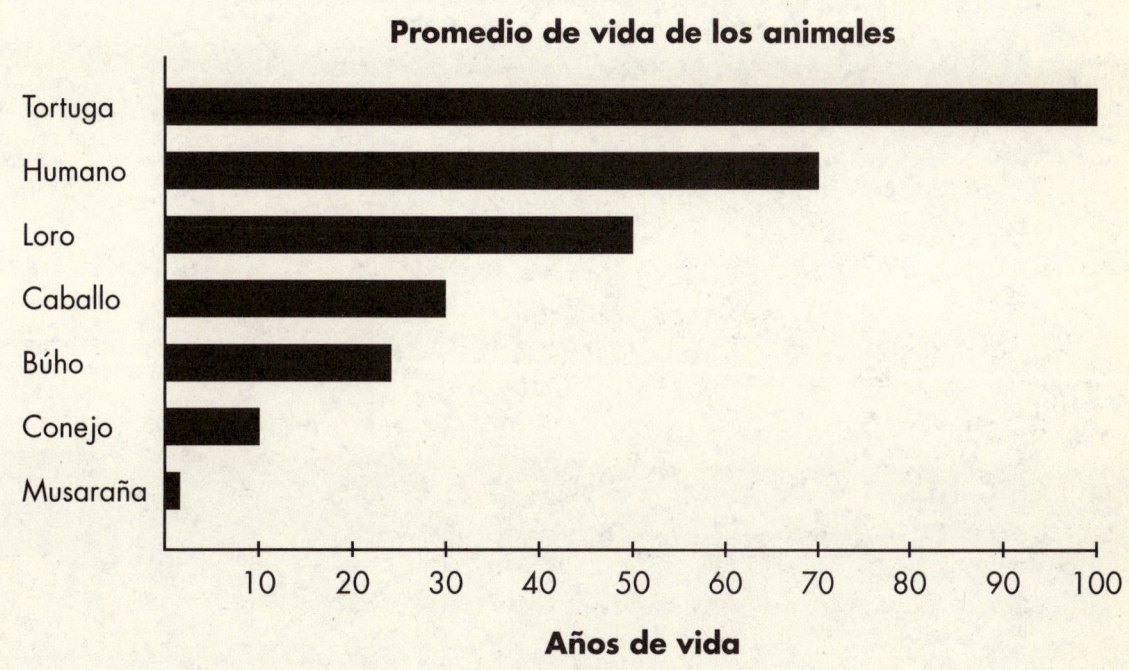

1. ¿Cuánto tiempo viven los caballos?
   _____

2. ¿Quién vive más: un humano o un loro?
   _____

3. ¿Qué animal de la gráfica vive más?
   _____

4. ¿Qué animal vive 10 veces menos que el conejo?
   _____

5. ¿Cuántos años más que un caballo esperarías vivir?
   _____

Notas para el hogar: Su niño(a) aprendió a leer una gráfica de barras para comparar datos de animales.
Actividad para el hogar: Hagan una gráfica de barras para comparar las estaturas de los miembros de la familia. Luego, pídale a su niño(a) que responda las preguntas que le hará sobre la gráfica.

Cuaderno de práctica — Matemáticas en Ciencias

Notas

Libro para el hogar

Usar con el Capítulo 2.

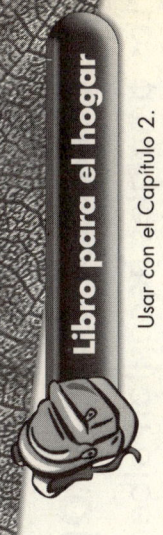

Querida familia:

Su niño(a) está aprendiendo sobre la vida de los animales. En el capítulo de Ciencias "Cómo viven los animales", nuestra clase aprendió cómo se agrupan los animales y sobre sus ciclos de vida. Los estudiantes también aprendieron que las adaptaciones ayudan a los animales a vivir y que los fósiles nos enseñan acerca de los animales que vivieron hace mucho tiempo.

Además de aprender cómo viven, crecen y sobreviven los animales, los estudiantes también aprendieron muchas palabras nuevas de vocabulario. Ayude a su niño(a) para que estas palabras pasen a formar parte de su vocabulario y úsenlas al hablar de animales.

```
rasgo
vertebrado
larva
pupa
adaptación
heredado
migrar
hibernar
```

Las páginas siguientes contienen actividades que usted y su niño(a) pueden hacer juntos. Su participación en la educación de su niño(a), ayudará a trasladar el aprendizaje al hogar.

© Pearson Education, Inc.

Actividad de Ciencias en familia
Puercoespín de juguete

Materiales:
- una papa o un trozo de plastilina
- marcadores para colorear
- palillo de dientes

Pasos:

❶ Usen un marcador para dibujar puntos pequeños en la superficie de la papa o plastilina. Dejen un área pequeña sin puntos para la cabeza del puercoespín.

❷ Túrnense para clavar los palillos de dientes en la papa o plastilina. Usen los puntos como guía. Tengan cuidado para no lastimarse. Los palillos de dientes son las púas del puercoespín de juguete.

❸ Pinten la nariz, los ojos, la boca y las orejas del puercoespín con un marcador. También pueden mirar la página 50 del libro de texto para ver cómo es un puercoespín.

❹ Las púas puntiagudas del puercoespín se erizan cuando el animal se asusta o se siente amenazado. También lo ayudan a protegerse. A esto se le llama adaptación. Hablen de otros animales y de sus adaptaciones de protección.

Cuaderno de práctica · Libro para el hogar **21**

Lectoescritura y arte

Los animales necesitan albergue. Por ejemplo, las aves construyen nidos para refugiarse. Dibuja un animal. Asegúrate de dibujar su albergue. Luego, escribe 2 ó 3 detalles sobre el animal y el lugar donde vive.

Adaptaciones de los animales

Mira las siguientes ilustraciones y palabras.
Traza líneas para unir cada animal con la frase que describe su adaptación.

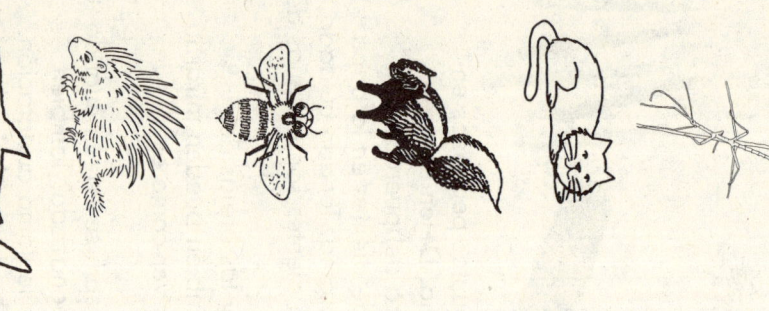

tiene púas puntiagudas

suelta mal olor

tiene garras filosas

tiene dientes filosos

parece una ramita

puede picar

Nombre _____

Vistazo al vocabulario

Usar con el Capítulo 3.

Usa las palabras para completar el diagrama y mostrar cómo se relacionan las palabras entre sí.

| ambiente | desierto | ecosistema | pastizal |
| población | tundra | comunidad | humedal |

Todas las poblaciones que viven en un lugar forman un(a) _____.

Los seres vivos y las cosas sin vida que rodean las plantas y animales forman su _____.

Los seres vivos de un lugar y las cosas sin vida que las afectan forman un(a) _____.

Cada grupo de un tipo de planta o animal en un lugar se llama _____.

Tipos de ecosistemas

- Bosques (árboles)
- _____ (congelado)
- _____ (seco, caluroso)
- _____ (pradera)
- _____ (pantano)
- agua dulce (lago, río)
- agua salada (océano)

Notas para el hogar: Su niño(a) aprendió los términos de vocabulario del Capítulo 3.
Actividad para el hogar: Hable con su niño(a) de los diferentes tipos de ecosistemas. Luego, identifiquen el ecosistema más cercano a su hogar o busquen ilustraciones en revistas que muestren algún tipo de ecosistema.

Cuaderno de práctica

Vistazo al vocabulario **23**

Nombre _____

Cómo leer en Ciencias

Usar con el Capítulo 3.

Idea principal y detalles

Lee el artículo de Ciencias.

Plantas del desierto

Las plantas que viven en el desierto seco y caluroso tienen adaptaciones especiales para sobrevivir. Por ejemplo, el cactus almacena agua en sus hojas y tallos gruesos. Algunas plantas del desierto tienen hojas con una cubierta que parece de cera para retener agua y crecen lentamente para conservarla. Pueden extender sus raíces en un área grande de suelo para absorber agua.

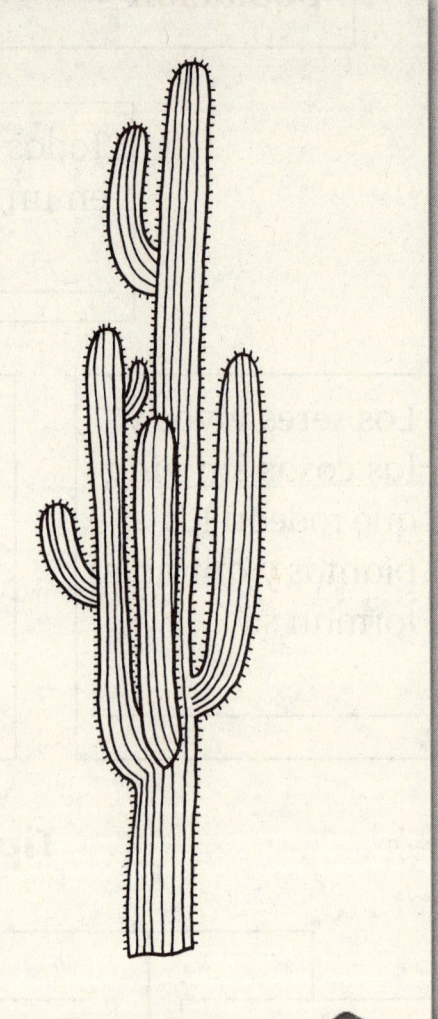

Nombre _____

Cómo leer en Ciencias

Usar con el Capítulo 3.

¡Aplícalo!
Escribe en los cuadros los detalles que apoyan la idea principal del círculo central.

Notas para el hogar: Su niño(a) aprendió a identificar los detalles que apoyan una idea principal.
Actividad para el hogar: Lea con su niño(a) un artículo sobre plantas o animales. Planteen una de las ideas principales del artículo. Pídale a su niño(a) que señale los detalles que apoyan esa idea principal.

Cuaderno de práctica Cómo leer en Ciencias **25**

Notas

Nombre _____

Piensa, lee y aprende

Usar con las páginas 71–75.

Lección 1: ¿Qué son los ecosistemas?

Antes de leer la Lección 1

Lee las siguientes afirmaciones. Marca el círculo para indicar si estás de acuerdo o en desacuerdo con cada una.

	De acuerdo	En desacuerdo
1. El ambiente son las cosas sin vida que te rodean.	○	○
2. Las partes de un ecosistema interactúan.	○	○
3. Población son todos los animales que hay en un área.	○	○

Después de leer la Lección 1

Vuelve a leer las afirmaciones anteriores. Si la lección apoya tu elección, marca el círculo *Correcto*. Luego, explica cómo apoya el texto tu elección. Si la lección no la apoya, marca el círculo *Incorrecto*. Luego, explica por qué tu selección está equivocada.

	Correcto	Incorrecto
1. _____	○	○
2. _____	○	○
3. _____	○	○

Notas para el hogar: Su niño(a) completó un repaso previo y posterior de los conceptos clave de la lección.
Actividad para el hogar: Hable con su niño(a) sobre cómo se diferencia su comunidad de una comunidad en un ecosistema de humedal.

Cuaderno de práctica

Nombre _____

Lección 1: Repaso

Usar con las páginas 71–75.

Repasar términos: Unir

Une cada descripción con la palabra correcta. Escribe la letra en la línea junto a cada descripción.

_____ 1. todo lo que rodea a un ser vivo
_____ 2. las partes vivas y sin vida que interactúan en un ambiente
_____ 3. todos los seres vivos de la misma especie que viven en el mismo lugar al mismo tiempo
_____ 4. todas las poblaciones que viven juntas en el mismo lugar

a. población
b. ambiente
c. comunidad
d. ecosistema

Repasar conceptos: Verdadero o falso

Escribe **V** (verdadero) o **F** (falso) en la línea que está antes de cada oración.

_____ 5. Los ecosistemas sólo están compuestos de partes vivas.
_____ 6. Las partes vivas de los ecosistemas dependen unas de otras.
_____ 7. Un cambio en el hábitat no afecta a los seres vivos de ese hábitat.
_____ 8. Si las plantas de un ecosistema mueren, los animales del ecosistema no tendrán suficiente alimento.

Aplicar estrategias: Idea principal y detalles

Usa oraciones completas para responder la pregunta 9. (2 puntos)

9. Enumera tres detalles que usarías para apoyar la siguiente idea principal.
   Idea principal: Los ecosistemas cambian con el paso del tiempo.

Detalle: _____

Detalle: _____

Detalle: _____

26A Repaso de la lección

Cuaderno de práctica

Nombre _____

Piensa, lee y aprende

Usar con las páginas 76–81.

Lección 2: ¿En qué ecosistemas hay pocos árboles?

Antes de leer la Lección 2

Lee las siguientes afirmaciones. Marca el círculo para indicar si estás de acuerdo o en desacuerdo con cada una.

	De acuerdo	En desacuerdo
1. Un pastizal es una pradera.	○	○
2. El desierto es caluroso de día y frío de noche.	○	○
3. La tundra es muy fría para los animales grandes.	○	○

Después de leer la Lección 2

Vuelve a leer las afirmaciones anteriores. Si la lección apoya tu elección, marca el círculo *Correcto*. Luego, explica cómo apoya el texto tu elección. Si la lección no la apoya, marca el círculo *Incorrecto*. Luego, explica por qué tu selección está equivocada.

	Correcto	Incorrecto
1. _____ _____	○	○
2. _____ _____	○	○
3. _____ _____	○	○

Notas para el hogar: Su niño(a) completó un repaso previo y posterior de los conceptos clave de la lección.
Actividad para el hogar: Identifiquen un ecosistema terrestre cercano a su área. Enumeren las plantas, animales y objetos que ven allí.

Cuaderno de práctica

Nombre _____

Lección 2: Repaso

Usar con las páginas 76–81.

Repasar términos: Unir

Une cada descripción con la palabra correcta. Escribe la letra en la línea junto a cada descripción.

_____ 1. ecosistema terrestre con pastos y plantas con flor
_____ 2. ecosistema terrestre que recibe poca lluvia
_____ 3. ecosistema terrestre frío y seco

a. tundra
b. desierto
c. pastizal

Repasar conceptos: Completar oraciones

Completa cada oración con la palabra o frase correcta.

_____ 4. Los pastos sobreviven en los pastizales porque tienen raíces ____. (profundas, poco profundas)

_____ 5. Los cactus son plantas que crecen en los ____. (desiertos, pastizales)

_____ 6. Las plantas del desierto sobreviven con ____. (poco sol, poca lluvia)

_____ 7. En ____, los inviernos son largos y fríos. (el desierto, la tundra)

_____ 8. En la tundra, la tierra bajo la superficie permanece ____ todo el año. (húmeda, congelada)

Aplicar estrategias: Comparar y contrastar

Usa oraciones completas para responder la pregunta 9. (2 puntos)

9. Nombra una semejanza y una diferencia entre desierto, tundra y pastizal.

_____
_____
_____
_____

27A Repaso de la lección

Cuaderno de práctica

Nombre _____

Piensa, lee y aprende

Usar con las páginas 82–85.

Lección 3: Algunos ecosistemas boscosos

Antes de leer la Lección 3

Lee las siguientes afirmaciones. Marca el círculo para indicar si estás de acuerdo o en desacuerdo con cada una.

	De acuerdo	En desacuerdo
1. Los bosques tropicales están cerca del ecuador.	○	○
2. Los árboles de los bosques deciduos pierden las hojas en otoño.	○	○
3. Los bosques de coníferas reciben más cantidad de lluvia.	○	○

Después de leer la Lección 3

Vuelve a leer las afirmaciones anteriores. Si la lección apoya tu elección, marca el círculo *Correcto*. Luego, explica cómo apoya el texto tu elección. Si la lección no la apoya, marca el círculo *Incorrecto*. Luego, explica por qué tu selección está equivocada.

	Correcto	Incorrecto
1. _____	○	○
2. _____	○	○
3. _____	○	○

Notas para el hogar: Su niño(a) completó un repaso previo y posterior de los conceptos clave de la lección.
Actividad para el hogar: Con su niño(a), observen algunas hojas perennes en forma de aguja y algunas hojas anchas. Pida a su niño(a) que le diga en qué se diferencian.

Cuaderno de práctica

Nombre _____

Lección 3: Repaso

Usar con las páginas 82–85.

Repasar conceptos: Unir

Une cada descripción con el tipo correcto de bosque. Escribe la letra en la línea junto a cada descripción. Puedes usar una respuesta más de una vez.

_____ 1. Crecen principalmente en América del Norte, Europa y Asia.

_____ 2. Hay robles, arces y hayas.

_____ 3. Tienen un clima caluroso y lluvioso todo el año.

_____ 4. Hay piceas, abetos y pinos.

_____ 5. Hay árboles con hojas que parecen agujas.

_____ 6. Los musgos y los líquenes son algunas de las cosas que pueden vivir en sus suelos.

_____ 7. Crecen cerca del ecuador.

_____ 8. La luz del Sol alcanza el suelo del bosque durante una parte del año.

a. bosques de coníferas
b. bosques deciduos
c. bosques tropicales

Aplicar estrategias: Convertir unidades

9. Un bosque tropical recibe en promedio 300 centímetros de lluvia cada año. ¿A cuántos metros de lluvia corresponde esa cantidad? Un metro tiene 100 centímetros. Muestra tu trabajo. (2 puntos)

_____

_____

_____

28A Repaso de la lección

Cuaderno de práctica

Nombre _____

Piensa, lee y aprende

Usar con las páginas 86–89.

Lección 4: Ecosistemas acuáticos

Antes de leer la Lección 4

Lee las siguientes afirmaciones. Marca el círculo para indicar si estás de acuerdo o en desacuerdo con cada una.

	De acuerdo	En desacuerdo
1. Un humedal es un ecosistema de agua dulce.	○	○
2. Casi todas las formas de vida en los océanos están en el fondo.	○	○
3. Los ecosistemas de agua salada cubren la mayor parte de la Tierra.	○	○

Después de leer la Lección 4

Vuelve a leer las afirmaciones anteriores. Si la lección apoya tu elección, marca el círculo *Correcto*. Luego, explica cómo apoya el texto tu elección. Si la lección no la apoya, marca el círculo *Incorrecto*. Luego, explica por qué tu selección está equivocada.

	Correcto	Incorrecto
1. _____	○	○
2. _____	○	○
3. _____	○	○

Notas para el hogar: Su niño(a) completó un repaso previo y posterior de los conceptos clave de la lección.
Actividad para el hogar: Con su niño(a), observen un acuario (o lean cómo hacer uno). Hagan una lista de cosas que se necesitan para hacer ese ecosistema de agua dulce.

Cuaderno de práctica

Nombre _____

Lección 4: Repaso

Usar con las páginas 86–89.

Repasar términos: Completar oraciones

Completa la oración con la palabra o frase correcta.

_____ 1. Un terreno bajo cubierto de agua durante parte del año es un ____.
(humedal, bosque tropical)

Repasar conceptos: Verdadero o falso

Escribe **V** (verdadero) o **F** (falso) en la línea que está antes de cada oración.

_____ 2. Los lagos, los estanques y los ríos son sistemas de agua salada.

_____ 3. Los ríos y los arroyos son agua en movimiento.

_____ 4. El agua fluye muy rápido a través de los Everglades de Florida.

_____ 5. En los Everglades no viven animales.

_____ 6. El agua del océano es agua salada.

_____ 7. Casi todos los seres vivos del océano viven a grandes profundidades.

_____ 8. Las marismas de agua salada se forman donde el agua de los ríos se mezcla con el agua del mar.

Escribir

Usa oraciones completas para responder la pregunta 9. (2 puntos)

9. Describe dos razones por las que los humedales son importantes para los animales.

_____
_____
_____
_____

Matemáticas en Ciencias

Usar con el Capítulo 3.

Comparar datos

Observa la gráfica. Úsala para responder las preguntas.

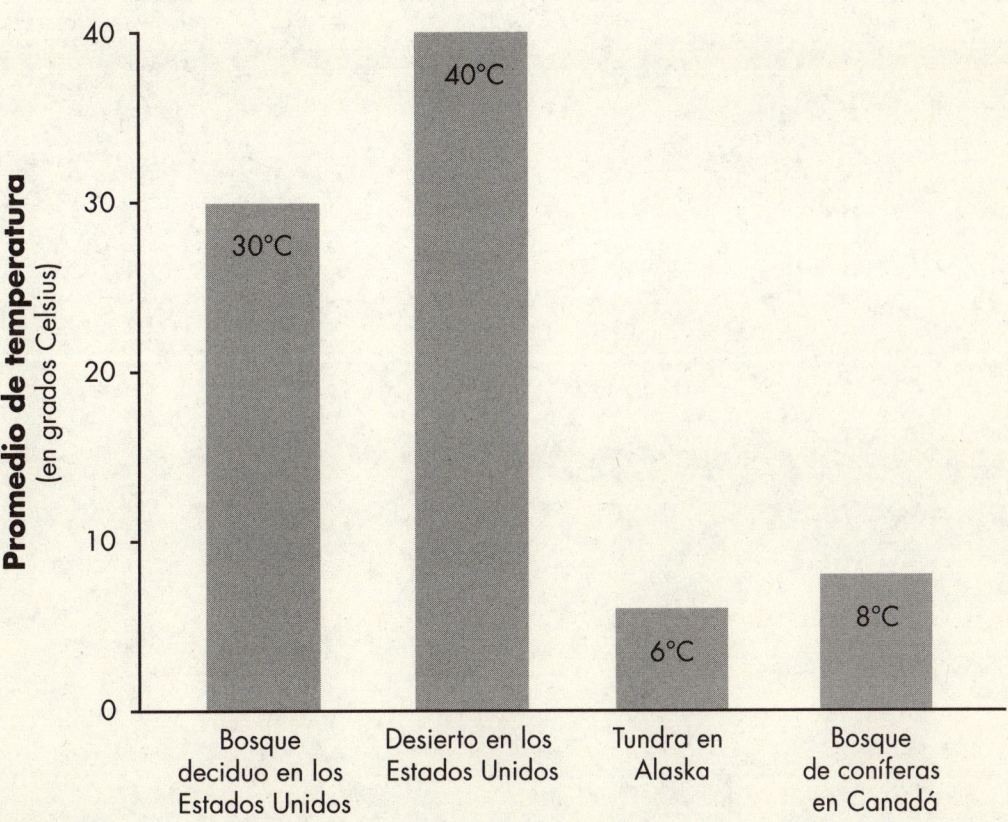

Preguntas

1. ¿Cuál es el ecosistema más caluroso?

   _____

2. ¿Cuál es el ecosistema más frío?

   _____

3. ¿Qué ecosistemas tienen las temperaturas más parecidas?

   _____

Notas para el hogar: Su niño(a) aprendió a leer y usar una gráfica.
Actividad para el hogar: Busquen una gráfica en un periódico o revista. Analice los datos con su niño(a) y pregúntense sobre los datos.

Cuaderno de práctica

Notas

Libro para el hogar

Usar con el Capítulo 3.

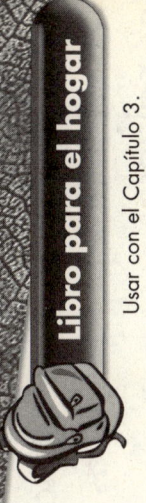

Querida familia:

Su niño(a) está aprendiendo sobre diferentes ambientes en los que las plantas y los animales viven juntos. En el capítulo de Ciencias "¿Dónde viven las plantas y los animales?", nuestra clase aprendió acerca de los ecosistemas terrestres, incluyendo algunos que tienen pocos árboles y otros que tienen bosques. Los niños también aprendieron sobre ecosistemas acuáticos, como ríos, marismas de agua salada y océanos.

Además de aprender dónde viven las plantas y los animales, los niños también aprendieron nuevas palabras de vocabulario. Ayude a su niño(a) para que estas palabras pasen a formar parte de su vocabulario y úsenlas cuando hablen de ecosistemas.

ambiente
ecosistema
población
comunidad
pastizal
desierto
tundra
humedal

Las páginas siguientes contienen actividades que usted y su niño(a) pueden hacer juntos. Su participación en la educación de su niño(a) ayudará a trasladar el aprendizaje al hogar.

Actividad de Ciencias en familia

Como en casa en un ecosistema boscoso

Materiales:
- lápices de colores y marcadores
- papel para dibujar

Pasos:

❶ Hable con su niño(a) acerca de los bosques. ¿Han estado en un bosque? ¿Qué tipos de plantas y animales vieron?

❷ Lean la siguiente lista de plantas y animales. ¿Conocen algunas de estas plantas y animales?
Plantas: robles, árboles de hoja perenne, arbustos
Animales: pájaros carpinteros, conejos, zorros, castores, venados, osos

❸ Hablen acerca de los ecosistemas boscosos. El bosque tiene plantas grandes como los robles, que les proporcionan sombra a las plantas pequeñas. Las plantas les proporcionan un hábitat a los animales pequeños. Los animales grandes, como los zorros y los osos, sobreviven comiendo plantas y otros animales más pequeños.

❹ Pida a su niño(a) que dibuje un bosque en una hoja de papel. Pueden copiar o calcar los dibujos de la página 2 de este libro. Su niño(a) también puede dibujar algunas cosas sin vida que forman parte del ecosistema boscoso, como rocas, tierra y agua.

❺ Pida a su niño(a) que rotule cada planta y animal del dibujo. Anímelo(a) para que le explique el dibujo y lo exhiba para que otros lo vean.

Mira las siguientes ilustraciones y palabras.
Traza líneas para unir las ilustraciones con las palabras.

roble

árbol de hoja perenne

arbusto

conejo

zorro

oso

© Pearson Education, Inc.

¿Qué hay ahí?

Escribe el nombre de un ser vivo y de una cosa sin vida que haya en cada uno de estos ecosistemas.

Pastizal _____

Desierto _____

Tundra _____

Bosque _____

Humedal _____

Océano _____

Libro para el hogar

Cuaderno de práctica

Nombre _____

Vistazo al vocabulario

Usar con el Capítulo 4.

Piensa en cada palabra o conjunto de palabras. Luego, escribe las palabras necesarias para completar cada línea.

I. gérmenes

   A. ¿Qué hacen? Los gérmenes causan _____.

   B. Ejemplos de gérmenes: _____

II. productor, consumidor, predador, presas

   A. ¿Cómo obtienen alimento? _____ producen su propio alimento. _____ comen alimentos.

   B. ¿Quién se come a quién? Un _____ se come a otro animal llamado _____.

III. herbívoro, carnívoro, omnívoro

   A. ¿En qué se parecen? Todos son _____.

   B. ¿En qué se diferencian? _____ se alimentan sólo de plantas. _____ se alimentan sólo de animales. _____ se alimentan de plantas y animales.

IV. competencia

   A. ¿Qué es? _____
   _____

   B. ¿Cuándo ocurre? _____
   _____

Notas para el hogar: Su niño(a) aprendió los términos de vocabulario del Capítulo 4.
Actividad para el hogar: Pida a su niño(a) que recorte ilustraciones de revistas o que haga dibujos para representar cada término de vocabulario.

Cuaderno de práctica   Vistazo al vocabulario **33**

Nombre _____

Cómo leer en Ciencias

Usar con el Capítulo 4.

Sacar conclusiones

Lee el párrafo.

José se enfermó

A José le está dando fiebre y le duele la garganta. La semana pasada, su hermanita se resfrió. Por lo general usan los mismos juguetes en casa.

¡Aplícalo!

Escribe los hechos del párrafo en los cuadros pequeños de la página siguiente. Luego, escribe tu conclusión en el cuadro grande.

Nombre _____

Cómo leer en Ciencias

Usar con el Capítulo 4.

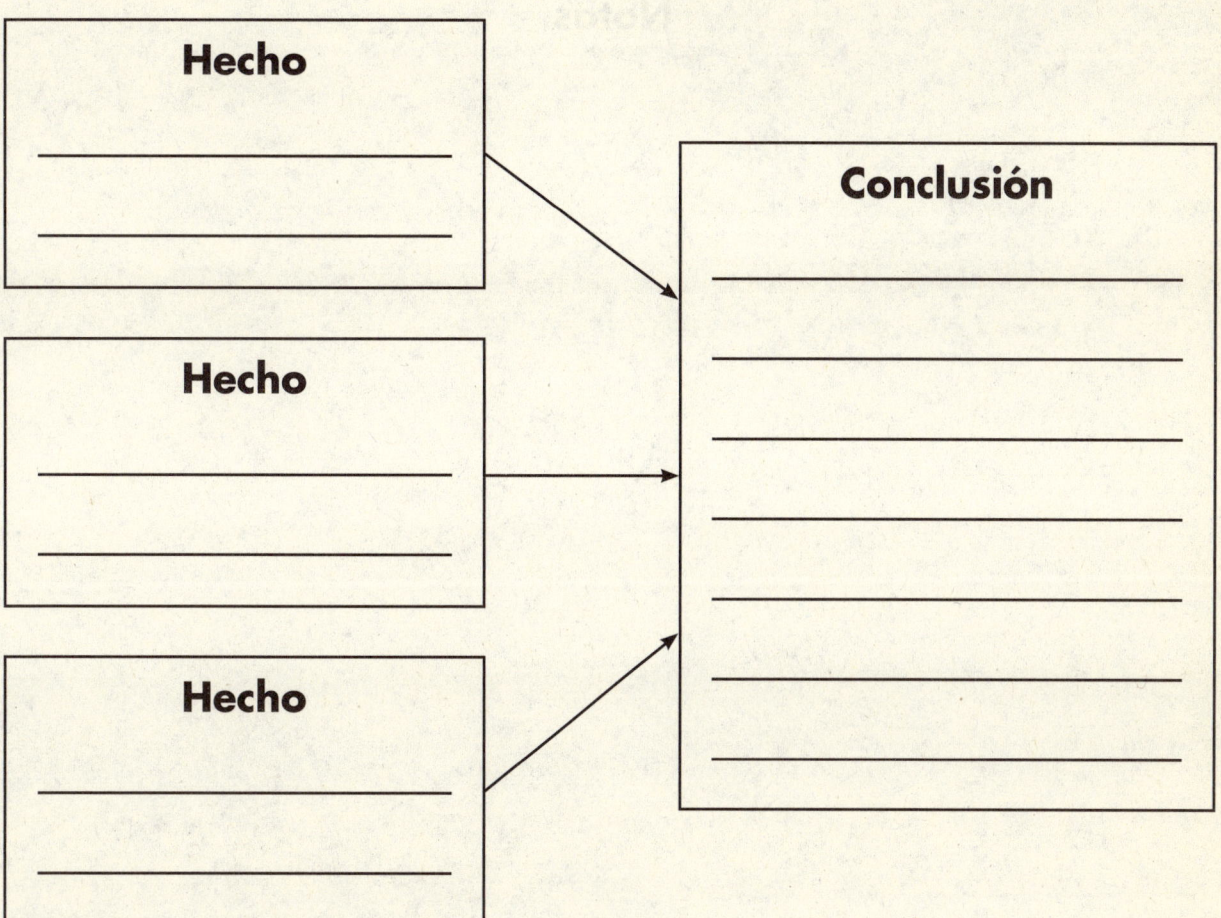

Notas para el hogar: Su niño(a) aprendió a sacar conclusiones a partir de hechos.
Actividad para el hogar: Dele a su niño(a) algunos hechos sobre animales. Ayúdelo(a) a sacar conclusiones lógicas con base en los hechos.

Cuaderno de práctica   Cómo leer en Ciencias **35**

Notas

Nombre _____

Piensa, lee y aprende

Usar con las páginas 103–105.

Lección 1: ¿Cómo interactúan los seres vivos?

Antes de leer la Lección 1

Lee las siguientes afirmaciones. Marca el círculo para indicar si estás de acuerdo o en desacuerdo con cada una.

	De acuerdo	En desacuerdo
1. Los animales pueden vivir en grupos para protegerse unos a otros.	○	○
2. Una abeja visita una flor y ambas se benefician.	○	○
3. Diferentes tipos de seres vivos no se ayudan unos a otros.	○	○

Después de leer la Lección 1

Vuelve a leer las afirmaciones anteriores. Si la lección apoya tu elección, marca el círculo *Correcto*. Luego, explica cómo apoya el texto tu elección. Si la lección no la apoya, marca el círculo *Incorrecto*. Luego explica por qué tu elección está equivocada.

	Correcto	Incorrecto
1. _____	○	○
2. _____	○	○
3. _____	○	○

Notas para el hogar: Su niño(a) completó un repaso previo y posterior de los conceptos clave de la lección.
Actividad para el hogar: Fíjense en la interacción entre animales; por ejemplo, cuando alimentan a una mascota. Hablen acerca de cómo esa interacción ayuda a los animales a sobrevivir.

Cuaderno de práctica

Piensa, lee y aprende **36**

Nombre _____

Lección 1: Repaso

Usar con las páginas 103–105.

Repasar conceptos: Unir

Une los ejemplos con la descripción correcta de interacción entre seres vivos. Escribe la letra en la línea junto a cada descripción. Puedes usar una respuesta más de una vez.

_____ 1. miembros de una manada que se protegen unos a otros

_____ 2. el pez limpiador obtiene alimento cuando limpia a un pez grande

_____ 3. las abejas "danzan" para indicarles a las demás dónde están las flores

_____ 4. un árbol ayuda a una flor a obtener luz, la flor no ayuda ni daña al árbol

_____ 5. los perros de la pradera silban para advertirle a al grupo que hay predadores

_____ 6. las abejas obtienen alimento cuando polinizan las flores

_____ 7. los percebes viven en las ballenas; las ballenas no reciben beneficio ni daño

_____ 8. las polillas polinizan las plantas de yuca y ponen sus huevos en la planta

a. ayuda dentro de un grupo

b. un tipo ayuda a otro

c. dos tipos se ayudan mutuamente

Aplicar estrategias: Sacar conclusiones

Usa oraciones completas para responder la pregunta 9. (2 puntos)

9. Lee los tres hechos que siguen. Luego, escribe una conclusión respaldada por los hechos.

   Hecho 1: A veces los animales ayudan a otros animales de su grupo.

   Hecho 2: A veces un tipo de animal ayuda a otro tipo.

   Hecho 3: A veces dos tipos de animales se ayudan el uno al otro.

   Conclusión: _____

   _____

Repaso de la lección

Cuaderno de práctica

Nombre _____

Piensa, lee y aprende

Usar con las páginas 106–109.

Lección 2: ¿Cómo obtienen energía los seres vivos?

Antes de leer la Lección 2

Lee las siguientes afirmaciones. Marca el círculo para indicar si estás de acuerdo o en desacuerdo con cada una.

	De acuerdo	En desacuerdo
1. Todos los animales son consumidores.	○	○
2. Los productores obtienen su energía del alimento.	○	○
3. Muchas cadenas alimentarias forman una red alimentaria.	○	○

Después de leer la Lección 2

Vuelve a leer las afirmaciones anteriores. Si la lección apoya tu elección, marca el círculo *Correcto*. Luego, explica cómo apoya el texto tu elección. Si la lección no la apoya, marca el círculo *Incorrecto*. Luego explica por qué tu elección está equivocada.

	Correcto	Incorrecto
1. _____	○	○
_____		
2. _____	○	○
_____		
3. _____	○	○
_____		

Notas para el hogar: Su niño(a) completó un repaso previo y posterior de los conceptos clave de la lección.
Actividad para el hogar: Enumeren algunos alimentos que su familia consumió hoy. Pida a su niño(a) que los clasifique como planta o animal. Hablen acerca de dónde obtiene cada uno su energía.

Cuaderno de práctica

Piensa, lee y aprende **37**

Nombre _____

Lección 2: Repaso

Usar con las páginas 106–109.

Repasar términos: Unir

Une cada descripción con la palabra correcta. Escribe la letra en la línea junto a cada descripción.

_____ 1. ser vivo que produce su propio alimento

_____ 2. ser vivo que come alimentos

_____ 3. consumidor que se alimenta sólo de plantas

_____ 4. consumidor que se alimenta sólo de animales

_____ 5. consumidor que se alimenta de plantas y animales

_____ 6. animal al que otros cazan como alimento

_____ 7. consumidor que caza para alimentarse

a. presa
b. consumidor
c. omnívoro
d. predador
e. productor
f. herbívoro
g. carnívoro

Repasar Conceptos: Completar oraciones

Completa la oración con la palabra correcta.

_____ 8. Las cadenas alimentarias y las redes alimentarias muestran cómo se mueve el(la) ____ entre los seres vivos. (el agua, la energía)

Aplicar estrategias: Calcular

9. En una cadena alimentaria, los hurones se alimentan de perros de la pradera. Si un hurón se come 4 perros de la pradera al mes, ¿a cuántos perros de la pradera se comerían 11 hurones en un mes? Muestra tu trabajo.
(2 puntos)

Nombre _____

Piensa, lee y aprende

Usar con las páginas 110–113.

Lección 3: ¿Cómo compiten los seres vivos?

Antes de leer la Lección 3

Lee las siguientes afirmaciones. Marca el círculo para indicar si estás de acuerdo o en desacuerdo con cada una.

	De acuerdo	En desacuerdo
1. Los animales compiten, pero las plantas no.	○	○
2. Dos predadores pueden competir por una presa.	○	○
3. Los seres vivos compiten por alimento, agua y espacio.	○	○

Después de leer la Lección 3

Vuelve a leer las afirmaciones anteriores. Si la lección apoya tu elección, marca el círculo *Correcto*. Luego, explica cómo apoya el texto tu elección. Si la lección no la apoya, marca el círculo *Incorrecto*. Luego explica por qué tu elección está equivocada.

	Correcto	Incorrecto
1. _____	○	○
2. _____	○	○
3. _____	○	○

Notas para el hogar: Su niño(a) completó un repaso previo y posterior de los conceptos clave de la lección.
Actividad para el hogar: Fíjense en algunas plantas cerca de su casa. Hable con su niño(a) acerca de como compiten por el mismo espacio, agua y alimento. Predigan quién ganará.

Cuaderno de práctica

Piensa, lee y aprende

Nombre _____

Lección 3: Repaso

Usar con las páginas 110–113.

Repasar términos: Completar oraciones

Completa la oración con la palabra correcta.

_____ 1. Cuando dos o más seres vivos necesitan los mismos recursos, están ____ (cooperando, compitiendo)

Repasar conceptos: Verdadero o falso

Escribe **V** (verdadero) o **F** (falso) en la línea que está antes de cada oración.

_____ 2. Los seres vivos compiten por muchos tipos de recursos.

_____ 3. Los animales que son predadores hábiles les pasan esos rasgos a sus crías.

_____ 4. Con frecuencia, las presas compiten para obtener predadores.

_____ 5. A veces, los animales y los seres humanos compiten por espacio.

_____ 6. Algunos seres vivos compiten por oxígeno.

_____ 7. A veces la competencia entre animales sigue un ciclo.

Escribir

Usa oraciones completas para responder la pregunta 9. (2 puntos)

8. Describe en un párrafo corto dos tipos de aves que compiten por un recurso que las dos necesitan para sobrevivir.

_____
_____
_____
_____
_____

38A Repaso de la lección   Cuaderno de práctica

Nombre _____

Piensa, lee y aprende

Usar con las páginas 114–119.

Lección 4: ¿Cómo cambian los ambientes?

Antes de leer la Lección 4

Lee las siguientes afirmaciones. Marca el círculo para indicar si estás de acuerdo o en desacuerdo con cada una.

	De acuerdo	En desacuerdo
1. Los seres vivos pueden cambiar su ambiente.	○	○
2. El fuego destruye los bosques para siempre.	○	○
3. Los cambios del ambiente a menudo siguen un patrón.	○	○

Después de leer la Lección 4

Vuelve a leer las afirmaciones anteriores. Si la lección apoya tu elección, marca el círculo *Correcto*. Luego, explica cómo apoya el texto tu elección. Si la lección no la apoya, marca el círculo *Incorrecto*. Luego explica por qué tu elección está equivocada.

	Correcto	Incorrecto
1. _____	○	○
2. _____	○	○
3. _____	○	○

Notas para el hogar: Su niño(a) completó un repaso previo y posterior de los conceptos clave de la lección.
Actividad para el hogar: Señale el ambiente de una comunidad que haya cambiado; por ejemplo, el sitio de una construcción. Pregúntele a su niño(a) cómo afectó ese cambio a los organismos que viven allí.

Cuaderno de práctica

Nombre _____

Lección 4: Repaso

Usar con las páginas 114–119.

Repasar términos: Completar oraciones

Completa cada oración con la palabra o frase correcta.

_____ 1. Un ser vivo que descompone desechos y seres vivos que han muerto es ____. (un descomponedor, un descompuesto)

_____ 2. ____ es el proceso de descomponer desechos y seres vivos que han muerto. (El descomponedor, La descomposición)

Repasar conceptos: Unir

Los seres vivos y los eventos naturales pueden cambiar el ambiente. Para cada una de las siguientes descripciones de cambio, indica si el cambio es causado por un ser vivo o por un evento natural. Puedes usar una respuesta más de una vez.

_____ 3. Un volcán erupciona y mata las plantas de un ambiente.

_____ 4. Un huracán tumba árboles.

_____ 5. Un incendio forestal quema plantas y árboles.

_____ 6. Una persona tumba árboles para construir una casa en ese espacio.

_____ 7. Una sequía causa la muerte de muchas plantas.

_____ 8. El dique de un castor inunda un área.

a. un ser vivo

b. un evento natural

Aplicar estrategias: Causa y efecto

Usa oraciones completas para responder la pregunta 9. (2 puntos)

9. Escribe tres causas de cambio ambiental.

Causa: _____

Causa: _____

Causa: _____

Efecto: Cambia el ambiente.

39A Repaso de la lección

Cuaderno de práctica

Nombre _____

Piensa, lee y aprende

Usar con las páginas 120–123.

Lección 5: ¿Cuál es el ambiente más saludable para las personas?

Antes de leer la Lección 5

Lee las siguientes afirmaciones. Marca el círculo para indicar si estás de acuerdo o en desacuerdo con cada una.

	De acuerdo	En desacuerdo
1. Las personas sólo necesitan alimento y agua para vivir.	○	○
2. Para obtener los nutrientes necesarios, debemos comer variedad de alimentos.	○	○
3. Los productos lácteos ayudan a fortalecer los huesos.	○	○

Después de leer la Lección 5

Vuelve a leer las afirmaciones anteriores. Si la lección apoya tu elección, marca el círculo *Correcto*. Luego, explica cómo apoya el texto tu elección. Si la lección no la apoya, marca el círculo *Incorrecto*. Luego explica por qué tu elección está equivocada.

	Correcto	Incorrecto
1. _____	○	○
2. _____	○	○
3. _____	○	○

Notas para el hogar: Su niño(a) completó un repaso previo y posterior de los conceptos clave de la lección.

Actividad para el hogar: Planee un almuerzo saludable con su niño(a). Preparen juntos los alimentos. Disfruten su almuerzo mientras hablan acerca de la importancia de consumir variedad de alimentos.

Cuaderno de práctica

Piensa, lee y aprende

Nombre _____

Lección 5: Repaso

Usar con las páginas 120–123.

Repasar conceptos: Completar oraciones

Escribe **V** (verdadero) o **F** (falso) en la línea que está antes de cada oración.

_____ 1. Las personas necesitan alimento para vivir.

_____ 2. No todas las personas necesitan agua.

_____ 3. Las personas necesitan vivir en un ambiente limpio.

_____ 4. Un albergue suministra una temperatura agradable.

_____ 5. Sólo en las ciudades necesitamos aire para vivir.

_____ 6. Consumir diversos alimentos mantiene la salud.

_____ 7. Las personas que están en contacto con los alimentos deben tener las manos limpias.

_____ 8. El aparato digestivo sirve para respirar.

Aplicar estrategias: Secuencia

Usa oraciones completas para responder la pregunta 9. (2 puntos)

9. Estos son los pasos en desorden de lo sucede con el alimento en el sistema digestivo. Usa las palabras clave de las oraciones y escribe los pasos en el orden correcto.

   Después, el alimento se mezcla con los jugos digestivos en el estómago.
   Finalmente, se forman desperdicios sólidos en el intestino grueso.
   Primero, los dientes parten el alimento en pedazos.
   Luego, las partículas de alimento pasan al torrente sanguíneo a través de las paredes del intestino delgado.

   _____
   _____
   _____
   _____

40A Repaso de la lección

Cuaderno de práctica

Nombre _____

Piensa, lee y aprende

Usar con las páginas 124–127.

Lección 6: ¿Cómo nos mantenemos saludables?

Antes de leer la Lección 6

Lee las siguientes afirmaciones. Marca el círculo para indicar si estás de acuerdo o en desacuerdo con cada una.

	De acuerdo	En desacuerdo
1. El ejercicio fortalece el corazón, los pulmones y los músculos.	○	○
2. Los pulmones son parte del sistema circulatorio.	○	○
3. Las bacterias y los virus son gérmenes.	○	○

Después de leer la Lección 6

Vuelve a leer las afirmaciones anteriores. Si la lección apoya tu elección, marca el círculo *Correcto.* Luego, explica cómo apoya el texto tu elección. Si la lección no la apoya, marca el círculo *Incorrecto.* Luego explica por qué tu elección está equivocada.

	Correcto	Incorrecto
1. _____	○	○
2. _____	○	○
3. _____	○	○

Notas para el hogar: Su niño(a) completó un repaso previo y posterior de los conceptos clave de la lección.
Actividad para el hogar: Hable con su niño(a) sobre alguna vez que se haya enfermado. Recuerden lo que pasó y qué hizo usted para ayudarlo(a) a mejorarse.

Cuaderno de práctica

Piensa, lee y aprende

Nombre _____

Lección 6: Repaso

Usar con las páginas 124–127.

Repasar términos: Unir

Une cada descripción con la palabra correcta. Escribe la letra en la línea junto a cada descripción.

_____ 1. seres vivos pequeños o partículas que pueden causar una enfermedad

_____ 2. condiciones en las cuales el cuerpo, o partes del cuerpo, no funcionan bien

a. enfermedades
b. gérmenes

Repasar conceptos: Completar oraciones

Completa cada oración con la palabra o frase correcta.

_____ 3. Los deportes y trabajar en el jardín son buenas formas de ____. (hacer ejercicio, descansar)

_____ 4. Los pulmones son parte del sistema ____. (respiratorio, circulatorio)

_____ 5. El corazón es parte del sistema ____. (digestivo, circulatorio)

_____ 6. La tráquea es un tubo que va hasta ____. (el corazón, los pulmones)

_____ 7. La gripe y la varicela son causadas por ____. (gérmenes, el ejercicio)

_____ 8. El ejercicio y el descanso ayudan a las personas a mantenerse ____. (enfermas, saludables)

Aplicar estrategias: Convertir

9. Durante una semana, la familia de Teresa anotó el número de horas y minutos que hicieron ejercicio. Para el fin de semana, Teresa había hecho ejercicio durante 2 horas y 25 minutos. Muestra en minutos el tiempo de ejercicio de Teresa. Recuerda: 1 hora es igual a 60 minutos. Muestra tu trabajo. (2 puntos)

Nombre_____

Matemáticas en Ciencias

Usar con el Capítulo 4.

La salud en números

Lee los rótulos de los cereales. Luego, contesta las preguntas.

Cuadritos Sabrosos
Tamaño de la porción: 1 taza
Calorías: 170
Grasas totales: 2.0 gramos
Colesterol: 0 gramos
Sodio: 180 miligramos
Carbohidratos: 39 gramos
Fibra: 3 gramos
Azúcar: 15 gramos

Trocitos de Avena
Tamaño de la porción: 1 taza
Calorías: 150
Grasas totales: 1.0 gramos
Colesterol: 0 gramos
Sodio: 95 miligramos
Carbohidratos: 25 gramos
Fibra: 10 gramos
Azúcar: 11 gramos

1. Juan comió dos porciones de Cuadritos Sabrosos.

   ¿Cuántas calorías consumió? _____

2. Paulina comió tres porciones de Trocitos de Avena.

   ¿Cuánto sodio consumió? _____

3. ¿Cuántos gramos más de carbohidratos hay en una porción de Cuadritos Sabrosos que en una de Trocitos de Avena?

   _____

4. Deberías consumir 25 gramos de fibra al día. ¿Cuántas porciones de cada cereal se necesitan para obtener 25 gramos de fibra?

   Cuadraitos Sabrosos _____

   Trocitos de Avena _____

Notas para el hogar: Su niño(a) aprendió a leer rótulos, comparar datos y solucionar problemas con base en los datos.
Actividad para el hogar: Comparen los rótulos de los diferentes cereales que come su niño(a). Clasifíquenlos primero según la cantidad de azúcar y luego según la cantidad de fibra.

Cuaderno de práctica

Matemáticas en Ciencias

Notas

Libro para el hogar

Usar con el Capítulo 4.

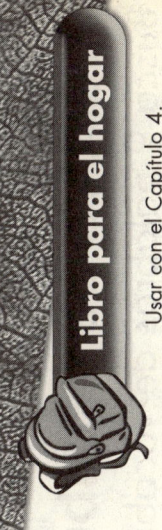

Querida familia:

Su niño(a) está aprendiendo sobre las formas en que interactúan las plantas y los animales. En el capítulo de Ciencias "Las plantas y los animales viven juntos", nuestra clase aprendió cómo se mueve la energía de los alimentos de un ser vivo a otro. Leímos cómo las plantas, los animales y los fenómenos naturales pueden cambiar el ambiente. Los estudiantes también aprendieron lo que las personas necesitan para tener y conservar la salud.

Además de aprender cómo interactúan las plantas y los animales con su ambiente, los estudiantes también aprendieron muchas palabras nuevas de vocabulario. Ayude a su niño(a) para que estas palabras pasen a formar parte de su vocabulario y úsenlas cuando hablen de plantas y animales que viven juntos.

productor	consumidor	herbívoro
carnívoro	omnívoro	predador
presa	competencia	descomponedor
descomposición	enfermedad	gérmenes

Las siguientes páginas contienen actividades que usted y su niño(a) pueden hacer juntos. Su participación en la educación de su niño(a) ayudará a trasladar el aprendizaje al hogar.

© Pearson Education, Inc.

Actividad de Ciencias en familia

Observar a los descomponedores trabajando

Materiales:
- agua
- trozo de pan o queso de sobras
- trozo de fruta o verdura de sobras
- frasco de vidrio limpio con tapa
- cinta pegante

Pasos:

① Humedezcan cada trozo de alimento y métanlos en el frasco. Asegúrense de que los trozos no se toquen. Tapen el recipiente y sellen el borde de la tapa con cinta pegante.

② Pida a su niño(a) que prediga qué descomponedores ayudarán a descomponer los alimentos.

③ Hagan una tabla de dos columnas. Rotulen cada columna con uno de los alimentos que pusieron en el frasco. Luego, dibujen siete hileras y rotúlenlas del Día 1 al Día 7.

④ Observen los alimentos una vez al día durante una semana. A medida que el moho crece en los alimentos, pida a su niño(a) que escriba cómo se ve el moho, dónde crece y qué hace.

⑤ Al final de la semana, hable con su niño(a) acerca de lo que observaron. ¿Qué descomponedores vieron? ¿Dónde crecieron? ¿Crecieron los mismos tipos de moho en ambos trozos de alimento? ¿Se parecen o son diferentes?

Cuaderno de práctica   Libro para el hogar **43**

Práctica de vocabulario

Busca 9 palabras de vocabulario en la sopa de letras de abajo y enciérralas en un círculo.

```
D C A R N I V O R O C
E M P Q S T A V Z E O
S L B U P T X E G B N
C E H A R X J N I C S
O H K L E R A F G O U
M E J C S I Q E T M M
P R E D A D O R U P I
O B Y R S I J M T E D
S I G O D H L E Ñ T O
I V Y N E Q F D P E R
C O Z T U M B A H N Q
I R V U S A L D Z C A
N O M N I V O R O A D
```

Tipos de consumidores

¿Qué tipo de consumidor es? Escribe si cada animal es un herbívoro, un carnívoro o un omnívoro.

Vaca: come plantas _____

Tiburón: come carne _____

Conejo: come plantas _____

Persona: come carne y plantas _____

Lobo: come carne _____

44 Libro para el hogar   Cuaderno de práctica

Nombre _____

Vistazo al vocabulario

Usar con el Capítulo 5.

Usa las palabras de vocabulario del cuadro para completar los rótulos del diagrama.

condensación
humedales
evaporación
vapor de agua
precipitación
ciclo del agua
agua subterránea

El agua de la Tierra se mueve a través del _____.

El Sol puede transformar el agua en gas por medio de la _____.

La _____ ocurre cuando el gas se enfría para formar gotas de agua.

Este gas, llamado _____, está en el aire.

Estas gotas de agua pueden caer de las nubes en forma de _____.

El agua de la Tierra está en los océanos, lagos, ríos y _____.

Parte del agua se acumula debajo de la superficie de la Tierra. Se llama _____.

Notas para el hogar: Su niño(a) aprendió los términos de vocabulario del Capítulo 5.
Actividad para el hogar: Use las palabras de vocabulario al hablar con su niño(a) sobre cómo cambia el agua de forma. Demuestre la evaporación y la condensación con agua hirviendo y con un vaso de agua helada.

Cuaderno de práctica

Nombre _____

Cómo leer en Ciencias

Usar con el Capítulo 5.

Causa y efecto

Lee el artículo científico.

¿Qué pasa con la lluvia?

¿Qué pasa con la lluvia que cae? Una parte se hunde en el suelo. Otra parte corre hacia ríos y arroyos, y otra más queda en los charcos. Con el tiempo, el calor del Sol calienta el agua de los charcos haciendo que se evapore. Luego, esta agua se convierte en vapor de agua en el aire.

El vapor de agua sube por la atmósfera. A mayor altura el aire se hace más frío. El vapor de agua se condensa. Esto quiere decir que al enfriarse se forman gotitas de agua.

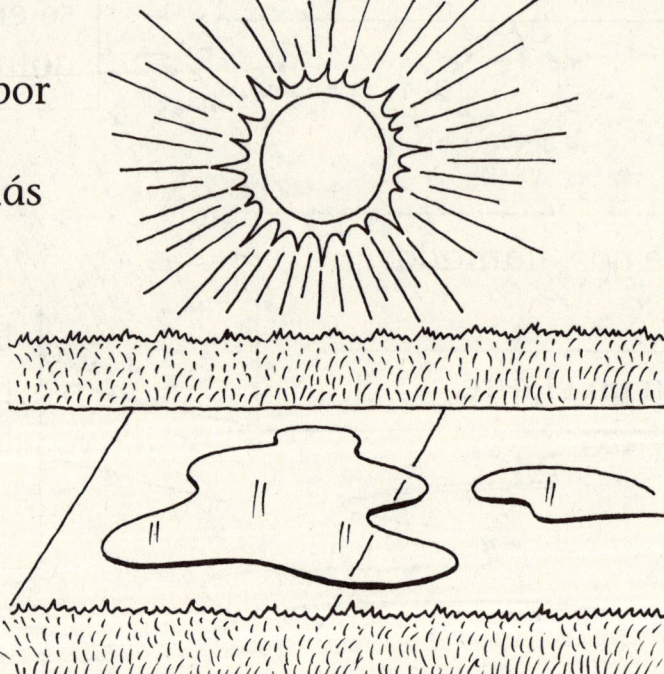

46 Cómo leer en Ciencias

Cuaderno de práctica

Nombre _____

Cómo leer en Ciencias

Usar con el Capítulo 5.

¡Aplícalo!

Escribe en los cuadros la causa o las causas de cada efecto.

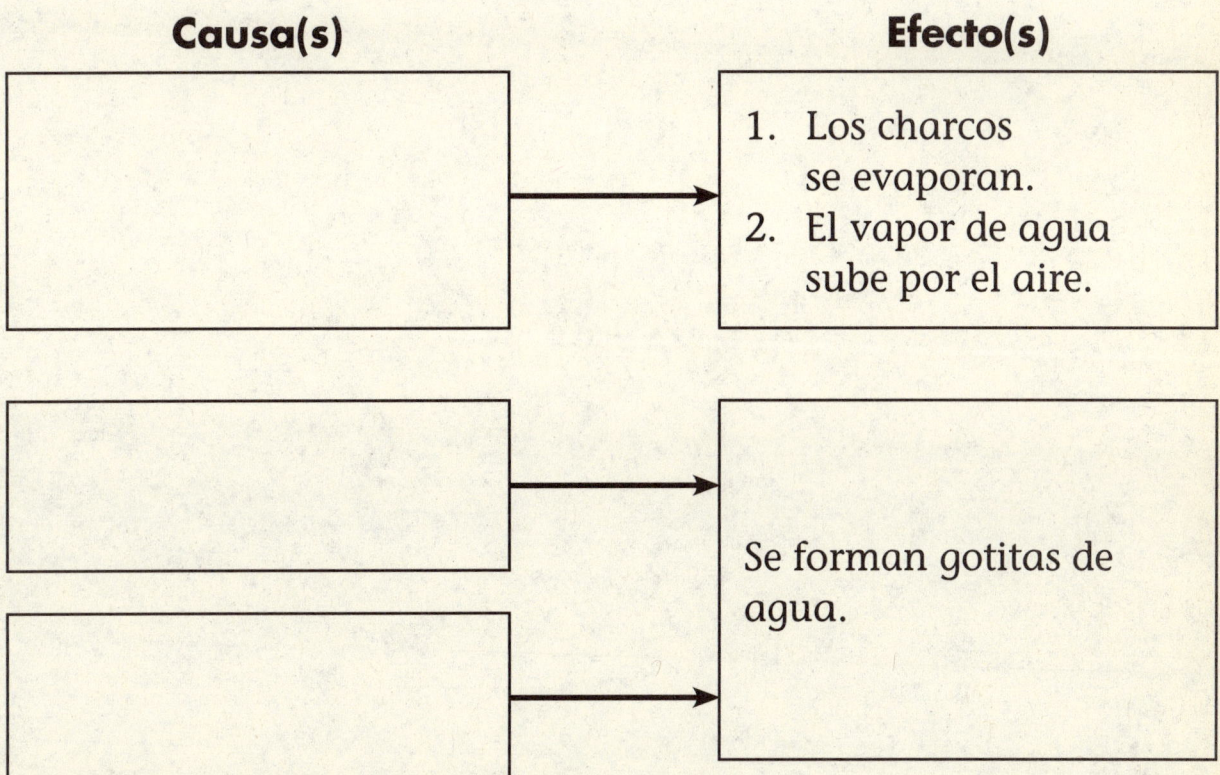

Causa(s) → **Efecto(s)**

1. Los charcos se evaporan.
2. El vapor de agua sube por el aire.

Se forman gotitas de agua.

Notas para el hogar: Su niño(a) aprendió a identificar causas y efectos.
Actividad para el hogar: Lean un artículo de periódico o revista de ciencias que explique un proceso. Hable con su niño(a) acerca de las causas y efectos del proceso.

Cuaderno de práctica

Notas

Nombre _____

Piensa, lee y aprende

Usar con las páginas 151–155.

Lección 1: ¿Por qué es importante el agua?

Antes de leer la Lección 1

Lee las siguientes afirmaciones. Marca el círculo para indicar si estás de acuerdo o en desacuerdo con cada una.

	De acuerdo	En desacuerdo
1. Aproximadamente dos tercios de tu cuerpo son agua.	○	○
2. Las personas usan el agua en movimiento para producir electricidad.	○	○
3. La superficie de la Tierra está cubierta de agua subterránea.	○	○

Después de leer la Lección 1

Vuelve a leer las afirmaciones anteriores. Si la lección apoya tu elección, marca el círculo *Correcto.* Luego, explica cómo apoya el texto tu elección. Si la lección no la apoya, marca el círculo *Incorrecto.* Luego explica por qué tu elección está equivocada.

	Correcto	Incorrecto
1. _____	○	○
2. _____	○	○
3. _____	○	○

Notas para el hogar: Su niño(a) completó un repaso previo y posterior de los conceptos clave de la lección.
Actividad para el hogar: Ayude a su niño(a) a que haga una tabla con la cantidad de agua que bebe al día. Anímelo(a) a beber ocho vasos diarios.

Nombre _____

Lección 1: Repaso

Usar con las páginas 151–155.

Repasar términos: Completar oraciones

Completa cada oración con la palabra o frase correcta.

_____ 1. El agua en forma de gas invisible que está en el aire se llama ___. (vapor de agua, agua subterránea)

_____ 2. Un ___ es un lugar donde el suelo está mojado o cubierto de agua. (agua subterránea, humedal)

_____ 3. El agua que se acumula entre los espacios de las rocas subterráneas se llama ___. (agua subterránea, agua del océano)

Repasar conceptos: Verdadero o falso

Escribe **V** (verdadero) o **F** (falso) en la línea que está antes de cada oración.

_____ 4. Las plantas necesitan agua para producir su propio alimento.

_____ 5. Casi todos los animales pueden vivir sin agua.

_____ 6. La fuerza del agua en movimiento se puede usar para producir electricidad.

_____ 7. El agua del mar se usa para beber y lavar ropa.

_____ 8. Muchos animales viven en los humedales.

Escribir

Usa oraciones completas para responder la pregunta 9. (2 puntos)

9. Describe una semejanza entre el agua dulce y el agua de mar. Luego, describe una diferencia.

_____

_____

_____

48A Repaso de la lección

Cuaderno de práctica

Nombre _____

Piensa, lee y aprende

Usar con las páginas 156–161.

Lección 2: ¿Cómo cambian las formas del agua?

Antes de leer la Lección 2

Lee las siguientes afirmaciones. Marca el círculo para indicar si estás de acuerdo o en desacuerdo con cada una.

	De acuerdo	En desacuerdo
1. El ciclo del agua nos brinda agua dulce.	○	○
2. El agua se convierte en gas a 22 grados Fahrenheit.	○	○
3. El agua se convierte en gas por evaporación.	○	○

Después de leer la Lección 2

Vuelve a leer las afirmaciones anteriores. Si la lección apoya tu elección, marca el círculo *Correcto*. Luego, explica cómo apoya el texto tu elección. Si la lección no la apoya, marca el círculo *Incorrecto*. Luego explica por qué tu elección está equivocada.

	Correcto	Incorrecto
1. _____	○	○
2. _____	○	○
3. _____	○	○

Notas para el hogar: Su niño(a) completó un repaso previo y posterior de los conceptos clave de la lección.
Actividad para el hogar: Hablen de alguna tormenta de lluvia que usted y su niño(a) hayan experimentado. Piensen cómo se formó la lluvia y cómo se evaporó el agua de los charcos.

Cuaderno de práctica

Nombre _____

Lección 2: Repaso

Usar con las páginas 156–161.

Repasar términos: Unir

Une cada definición con la palabra o frase correcta.
Escribe la letra en la línea junto a cada definición.

_____ 1. movimiento del agua entre el aire y la superficie de la Tierra y de regreso

_____ 2. lluvia, nieve y aguanieve

_____ 3. vapor de agua que se convierte en líquido

_____ 4. agua líquida que se convierte en gas

a. condensación
b. ciclo del agua
c. evaporación
d. precipitación

Repasar conceptos: Completar oraciones

Completa cada oración con la palabra o frase correcta.

_____ 5. La ___ es el proceso mediante el cual se forma el rocío. (evaporación, condensación)

_____ 6. La energía del Sol y el ___ producen la evaporación en el ciclo del agua. (viento, aguanieve)

_____ 7. La forma de la precipitación depende de la ___ de la superficie de la Tierra. (condensación, temperatura)

_____ 8. La tierra, los gérmenes y ___ se le quitan al agua en las plantas de tratamiento de agua. (el fluor, la sal)

Aplicar estrategias: Identificar causa y efecto

Usa oraciones completas para responder la pregunta 9. (2 puntos)

9. Si el agua de un lago es líquida, ¿qué le debe pasar a la termperatura para que el agua se convierta en hielo?

_____

_____

49A

Nombre _____

Matemáticas en Ciencias

Usar con el Capítulo 5.

Simetría y figuras

Algunas formas son simétricas, es decir, son exactamente iguales a ambos lados de una línea de simetría. Una figura simétrica puede tener una, dos o más líneas de simetría.

Mira las figuras. Úsalas para responder las preguntas.

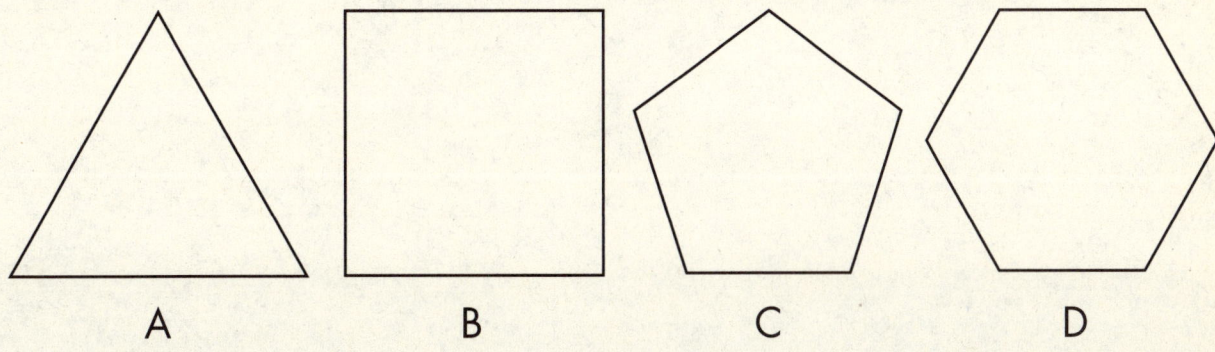

A   B   C   D

1. ¿Cuáles de estas figuras son simétricas? _____

2. ¿Qué figura tiene sólo cinco líneas de simetría? _____

3. ¿Cuántas líneas de simetría tiene el cuadrado? Dibuja el cuadrado y muestra las líneas. _____

_____

Notas para el hogar: Su niño(a) aprendió a identificar la simetría de figuras geométricas y a dibujar líneas de simetría.
Actividad para el hogar: Usen moldes de galletas para cortar masa o plastilina. Ayúdele a su niño(a) a identificar figuras simétricas y figuras que no son simétricas.

Cuaderno de práctica

Matemáticas en Ciencias

Notas

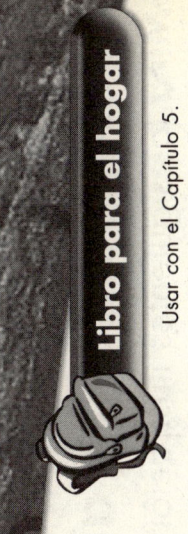

Libro para el hogar

Usar con el Capítulo 5.

Querida familia:

Su niño(a) está aprendiendo sobre la importancia del agua para la vida en la Tierra. En el capítulo de Ciencias "Agua", nuestra clase aprendió cómo cambia el agua de estado y cómo se mueve por la Tierra. Los niños también aprendieron diferentes formas que usan las personas para limpiar el agua.

Además de aprender los usos del agua, los niños también aprendieron muchas palabras nuevas de vocabulario. Ayude a su niño(a) para que estas palabras pasen a formar parte de su vocabulario y úsenlas cuando hablen del agua.

> vapor de agua
> agua subterránea
> humedales
> evaporación
> condensación
> ciclo del agua
> precipitación

Las páginas siguientes contienen actividades que usted y su niño(a) pueden hacer juntos. Su participación en la educación de su niño(a) ayudará a trasladar el aprendizaje al hogar.

Actividad de Ciencias en familia

Experimentos de evaporación

Materiales:
- cuatro vasos desechables idénticos
- un lápiz de cera o marcador permanente
- envoltura de plástico
- una banda elástica

Pasos:

1. Hable con su niño(a) sobre la evaporación. La evaporación se produce cuando el agua líquida se convierte en un gas llamado vapor de agua. Pida a su niño(a) que prediga el efecto del calor en la evaporación del agua.

2. Ayude a su niño(a) a verter la misma cantidad de agua en cada vaso plástico.

3. Tracen una línea con el lápiz de cera o el marcador para marcar el nivel del agua en cada vaso.

4. Cubran dos vasos con la envoltura de plástico y asegúrenla con una banda elástica alrededor de cada uno.

5. Coloquen un vaso sin cubierta y un vaso cubierto en un lugar cálido. Coloquen los otros dos vasos en un lugar fresco. Elijan lugares donde nadie mueva el agua.

6. Con su niño(a), revisen los vasos diariamente durante una semana. Cuando el nivel de agua de un vaso cambie, marquen el nuevo nivel con el lápiz de cera o el marcador.

7. Al final de la semana, comparen el nivel de agua de los cuatro vasos. Hablen acerca de cuánta agua se evaporó en cada uno. ¿Qué efecto tuvo el calor en la evaporación del agua en los vasos sin cubrir? ¿Qué pasó con el agua en los vasos cubiertos?

Cuaderno de práctica

Lectoescritura y arte

Mira las siguientes ilustraciones y palabras.
Traza líneas para unir las ilustraciones y las palabras.

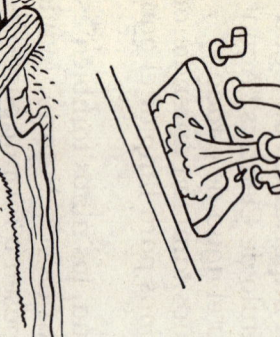

Lluvia

Llave de agua

Río

Copo de nieve (nieve)

Hielo

© Pearson Education, Inc.

¡Dibújalo!

Haz un dibujo que muestre diferentes lugares donde podemos encontrar agua y las diferentes formas que tiene.

52 Libro para el hogar

Cuaderno de práctica

Nombre _____

Vistazo al vocabulario

Usar con el Capítulo 6.

Usa las palabras de vocabulario del recuadro para completar los rótulos del diagrama. Usa tus propias palabras para añadir más ejemplos.

| tiempo | huracán | tornado | nevasca |

comprende: temperatura del aire, agua en el aire, viento y nubes

tiene patrones: inviernos fríos y nevosos
_____
_____
_____
_____

_____ está en todas partes.

tiene tormentas:
Un _____ es una tormenta gigante que se forma sobre el océano.
Un _____ es una columna de aire que gira y toca tierra.
Una _____ es una tormenta de invierno con mucho frío y ráfagas de nieve.

Notas para el hogar: Su niño(a) aprendió los términos de vocabulario del Capítulo 6.
Actividad para el hogar: Hable con su niño(a) sobre el estado del tiempo de hoy. Túrnense para hablar sobre la temperatura, el viento, las nubes y la humedad del aire.

Cuaderno de práctica   Vistazo al vocabulario **53**

Nombre _____

Cómo leer en Ciencias

Usar con el Capítulo 6.

Inferir

Lee el párrafo.

Alerta de huracán

Los meteorólogos dieron un aviso de huracán para la costa del golfo de Florida. El huracán azotará el continente dentro de dos días. La gente está ocupada clavando tablas de madera en sus ventanas. Compraron agua y comida extra. Algunas personas se fueron en auto hacia el interior.

¡Aplícalo!

¿Qué puedes inferir de los hechos del párrafo? Escribe los hechos y tu inferencia en el organizador gráfico de la página 55.

Nombre _____

Cómo leer en Ciencias

Usar con el Capítulo 6.

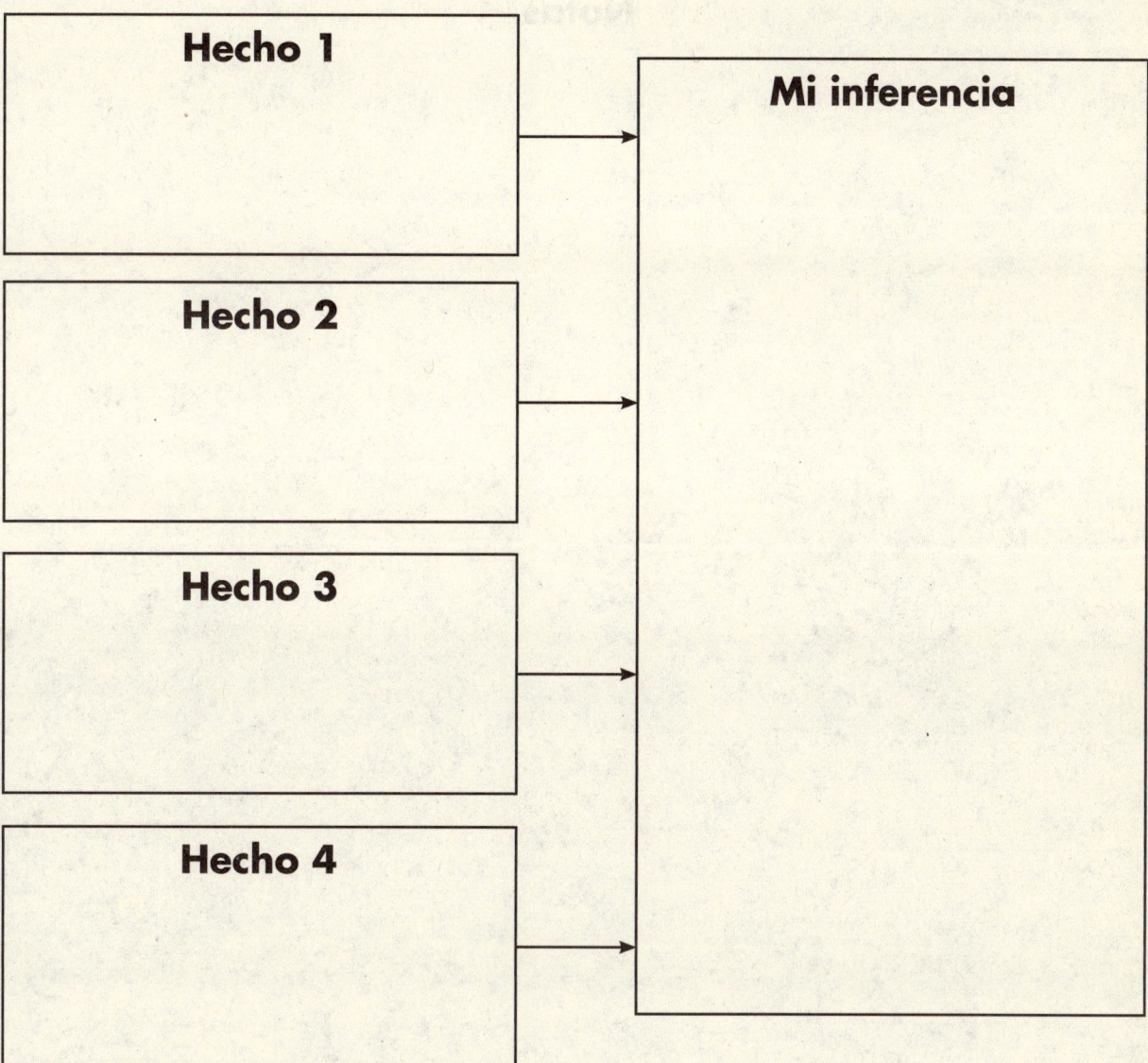

Notas para el hogar: Su niño(a) aprendió a evaluar hechos para hacer inferencias.
Actividad para el hogar: Describa una situación. Por ejemplo: "Despiertas y te das cuenta que el pasto está húmedo y hay charcos en la calle". Pídale a su niño(a) que infiera qué pasó.

Cuaderno de práctica   Cómo leer en Ciencias   **55**

Notas

Nombre _____

Piensa, lee y aprende

Usar con las páginas 175–179.

Lección 1: ¿Qué determina los estados del tiempo?

Antes de leer la Lección 1

Lee las siguientes afirmaciones. Marca el círculo para indicar si estás de acuerdo o en desacuerdo con cada una.

	De acuerdo	En desacuerdo
1. La atmósfera es la capa de aire que rodea la Tierra.	○	○
2. El barómetro mide la rapidez del viento.	○	○
3. La presión de aire es baja cuando el aire hace mucha presión.	○	○

Después de leer la Lección 1

Vuelve a leer las afirmaciones anteriores. Si la lección apoya tu elección, marca el círculo *Correcto*. Luego, explica cómo apoya el texto tu elección. Si la lección no la apoya, marca el círculo *Incorrecto*. Luego explica por qué tu elección está equivocada.

	Correcto	Incorrecto
1. _____	○	○
_____		
2. _____	○	○
_____		
3. _____	○	○
_____		

Notas para el hogar: Su niño(a) completó un repaso previo y posterior de los conceptos clave de la lección.
Actividad para el hogar: Miren o lean juntos un pronóstico del tiempo. Hable con su niño(a) sobre un patrón de tiempo que haya ocurrido esta semana, como una tormenta eléctrica seguida de tiempo despejado y seco.

Cuaderno de práctica

Piensa, lee y aprende **56**

Nombre _____

Lección 1: Repaso

Usar con las páginas 175–179.

Repasar términos: Completar oraciones

Completa cada oración con la frase correcta.

_____ 1. ___ es la capa de aire que rodea la Tierra. (El anemómetro, La atmósfera)

_____ 2. ___ es la temperatura, las nubes, la precipitación y la forma en que sopla el viento en un área. (El tiempo, La contaminación)

Repasar conceptos: Verdadero o falso

Escribe **V** (verdadero) o **F** (falso) en la línea que está antes de cada oración.

_____ 3. Las nubes están formadas de gotitas de agua que hay en el aire.

_____ 4. Sólo hay un tipo de nube.

_____ 5. Cada capa de la atmósfera de la Tierra tiene una temperatura diferente.

_____ 6. La fuerza de la atmósfera que ejerce presión hacia abajo se llama presión del aire.

_____ 7. La humedad es la cantidad de vapor de agua que hay en el aire.

_____ 8. Los satélites pueden reunir datos sobre el estado del tiempo.

Aplicar estrategias: Inferir (hacer inferencias)

Usa oraciones completas para responder la pregunta 9. (2 puntos)

9. Terry revisó la lectura del barómetro en varios momentos del día. Cada vez que la revisaba, la lectura era más baja. ¿Qué mide el barómetro? ¿Qué estado de tiempo podía esperar Terry?

_____

_____

56A Repaso de la lección

Nombre _____

Piensa, lee y aprende

Usar con las páginas 180–183.

Lección 2: ¿En qué se diferencian los patrones de tiempo?

Antes de leer la Lección 2

Lee las siguientes afirmaciones. Marca el círculo para indicar si estás de acuerdo o en desacuerdo con cada una.

	De acuerdo	En desacuerdo
1. En la mayoría de lugares, el tiempo cambia siguiendo un patrón.	○	○
2. La nevasca es una tempestad de viento peligrosa.	○	○
3. Un huracán es una nube que gira cerca del suelo.	○	○

Después de leer la Lección 2

Vuelve a leer las afirmaciones anteriores. Si la lección apoya tu elección, marca el círculo *Correcto*. Luego, explica cómo apoya el texto tu elección. Si la lección no la apoya, marca el círculo *Incorrecto*. Luego explica por qué tu elección está equivocada.

	Correcto	Incorrecto
1. _____	○	○
2. _____	○	○
3. _____	○	○

Notas para el hogar: Su niño(a) completó un repaso previo y posterior de los conceptos clave de la lección.
Actividad para el hogar: Hable con su niño(a) acerca de una tempestad que podría ocurrir en su área (tormenta eléctrica, huracán, tornado, nevasca). Hagan una lista de ideas de seguridad y formas de prepararse para una tempestad.

Cuaderno de práctica

Piensa, lee y aprende **57**

Nombre _____

Lección 2: Repaso

Usar con las páginas 180–183.

Repasar términos: Unir

Une cada definición con la palabra correcta. Escribe la letra en la línea junto a cada definición.

_____ 1. tempestad de invierno con ráfagas de nieve

_____ 2. tempestad con una columna de aire en forma de embudo que toca tierra

_____ 3. tempestades con lluvias intensas, vientos fuertes y olas inmensas

a. huracán
b. nevasca
c. tornado

Repasar conceptos: Completar oraciones

Completa cada oración con la palabra o frase correcta.

_____ 4. Los patrones de tiempo son ____ en diferentes partes de la Tierra. (diferentes, iguales)

_____ 5. A medida que el aire sube por una montaña se hace más ____. (frío, húmedo)

_____ 6. Todos los desiertos son ____. (cálidos, secos)

_____ 7. Las lluvias fuertes y las olas grandes pueden causar ____. (inundaciones, nevascas)

_____ 8. Los huracanes, tornados y nevascas tienen ____. (vientos, bajas temperaturas)

Escribir

Usa oraciones completas para responder la pregunta 9. (2 puntos)

9. Escribe una oración que describa una forma en que el Servicio Nacional de Meteorología ayuda a proteger a la gente.

_____

_____

_____

57A Repaso de la lección

Cuaderno de práctica

Nombre _____

Matemáticas en Ciencias

Usar con el Capítulo 6.

Comparar temperaturas

La tabla muestra las temperaturas del pueblo de Smithport. Cada temperatura representa el promedio máximo diurno para julio de ese año. ¿Ves un patrón?

Cambios de temperatura máxima en Smithport, 1980–2005

Año	1980	1985	1990	1995	2000	2005
Promedio máximo diurno para julio	79°	79°	81°	80°	83°	84°

Usa la tabla para responder estas preguntas.

1. ¿Qué tendencia o patrón ves a lo largo de 25 años?

   _____

2. ¿Cuándo ocurrió el mayor cambio?

   _____

3. En promedio, ¿cuánto calor más hizo en Smithport en julio de 2000 que en julio de 1985?

   _____

4. ¿Cómo se puede explicar este cambio?

   _____
   _____
   _____
   _____

Notas para el hogar: Su niño(a) aprendió a leer una tabla para comparar datos.
Actividad para el hogar: Ayúdele a su niño(a) a hacer una tabla que muestre la temperatura máxima diaria de una semana. Hablen acerca de algún patrón que vean.

Cuaderno de práctica   Matemáticas en Ciencias **58**

Notas

Libro para el hogar

Usar con el Capítulo 6.

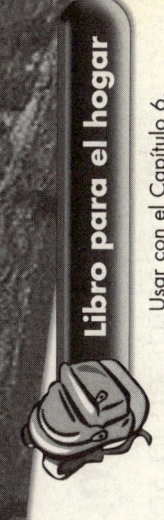

Querida familia:

Su niño(a) está aprendiendo acerca del tiempo y cómo nos puede afectar la vida. En el capítulo de Ciencias "Estados del tiempo", nuestra clase aprendió sobre los patrones del tiempo, los instrumentos que usan los científicos para medirlo y los diferentes tipos de tormentas. También estudiamos la atmósfera o capa de aire que rodea la Tierra. Finalmente, observamos mapas del tiempo y hablamos de temperaturas máximas y mínimas.

Además de aprender acerca del tiempo, los estudiantes también aprendieron muchas palabras nuevas de vocabulario. Ayude a su niño(a) para que estas palabras pasen a formar parte de su vocabulario y úsenlas cuando hablen del estado del tiempo.

tiempo
atmósfera
huracán
tornado
nevasca

Las páginas siguientes contienen actividades que usted y su niño(a) pueden hacer juntos. Su participación en la educación de su niño(a) ayudará a trasladar el aprendizaje al hogar.

© Pearson Education, Inc.

Actividad de Ciencias en familia
Dibujar un informe del tiempo

Materiales:
- periódico, radio o televisión
- papel blanco
- regla
- lápices o marcadores de colores

Pasos:

❶ Vean o escuchen juntos en casa un informe del tiempo.

❷ Hablen acerca del estado del tiempo para hoy y los próximos días. ¿Estará soleado, nublado o lluvioso? ¿Se aproxima una tormenta? Pida a su niño(a) que lea o escuche sobre la presión barométrica en las noticias. Dígale que si la presión barométrica es baja, el tiempo puede estar nublado o lluvioso. Si la presión es alta, a lo mejor el cielo estará despejado.

❸ Dígale a su niño(a) que imagine que es un meteorólogo. Invítelo(a) a trazar tres cuadros con una regla en una hoja de papel.

❹ Pida a su niño(a) que dibuje el informe del tiempo de los próximos tres días. Puede ser un informe imaginario o basado en el informe real.

❺ Anime a su niño(a) para que anote la **Temperatura máxima** y la **Temperatura mínima** de cada día y si la presión barométrica es alta, baja o variable.

❻ Pídale a su niño(a) que le explique el dibujo y que prepare un informe del estado del tiempo. Exhiba el pronóstico en el hogar.

Cuaderno de práctica

Libro para el hogar **59**

Palabras del tiempo

Busquen las palabras en la sopa de letras y enciérrenlas en un círculo.

atmósfera	nevasca	tiempo
tornado	huracán	

```
H U R A C A N E L
V Y U E H G Y Y B
N D T O R N A D O
E B I P R K M X G
V O E D A S T M U
A Z M R J C P R L
S N P V L K V J T
C G O V T O A S E
A T M O S F E R A
D I S E H M A E Q
```

Tiempo extremo

Los huracanes, los tornados y las nevascas pueden traer lluvias y vientos fuertes o nieve. Lean las palabras del cuadro y escríbanlas en el lugar que les corresponde en la tabla.

nieve	tempestad	embudo
océanos	fuertes	olas

Huracanes	Tornados	Nevascas
Tempestades enormes que se forman sobre los <u>océanos</u>.	Columnas de aire que giran formando un <u>embudo</u>.	Una <u>tempestad</u> de invierno.
Lluvias intensas, vientos fuertes y <u>olas</u> inmensas en el océano.	Vientos <u>fuertes</u>.	Ráfagas de <u>nieve</u>.

Nombre _____

Vistazo al vocabulario

Usar con el Capítulo 7.

Lee las pistas. Escoge una palabra para responder cada adivinanza.

roca	roca metamórfica	roca ígnea
mineral	roca sedimentaria	descomposición
suelo	nutriente	tierra negra

1. El granito es un ejemplo. Se forma en las profundidades de la tierra. Necesita calor para formarse. ¿Qué es? _____

2. Esto les pasa a las plantas y animales al morir. Quiere decir deshacerse en pedacitos. ¿Qué es? _____

3. Cubre la mayor parte de la superficie seca del planeta. Está formado de pedacitos de roca y materia vegetal y animal muerta. Es el hogar de los gusanos. ¿Qué es? _____

4. Es un material natural. Nunca ha estado vivo. Toda roca contiene al menos uno. ¿Qué es? _____

5. El calor y la presión la cambiaron en lo que es ahora. Su nombre significa que "cambia de forma". La pizarra es un ejemplo. ¿Qué es? _____

6. Es un tipo de suelo. Las plantas crecen bien en él. Retiene mucha agua. Es una mezcla. ¿Qué es? _____

7. Se forma en capas. Puede contener fósiles. Puede contar la "historia" de cómo ha cambiado la vida con el tiempo. ¿Qué es? _____

8. Forma la mayor parte de las montañas. Es sólida y no tiene vida. Contiene uno o más minerales. Se puede clasificar en uno de tres grupos principales. ¿Qué es? _____

9. Es un material que las plantas toman de la tierra. Ayuda a las plantas a crecer. Puede provenir de un mineral o de plantas y animales en descomposición. ¿Qué es? _____

Notas para el hogar: Su niño(a) aprendió los términos de vocabulario del Capítulo 7.
Actividad para el hogar: Pida a su niño(a) que recorte ilustraciones de revistas o que haga dibujos que representen las palabras de vocabulario. Inventen oraciones con esas palabras.

Cuaderno de práctica

Nombre _____

Cómo leer en Ciencias

Usar con el Capítulo 7.

 **Comparar y contrastar**

Lee el artículo de revista y fíjate en las ilustraciones. ¿En qué se parecen y en qué se diferencian las rocas y el suelo?

Rocas y suelo

La superficie sólida de nuestro planeta está cubierta de rocas y suelo. Las rocas están formadas de uno o más minerales. Los minerales son materiales naturales sin vida. Las rocas pueden ser grandes o pequeñas, pero son sólidas y difíciles de romper. Cuando las rocas se desintegran, se empieza a formar el suelo. El suelo es una mezcla suelta de pedacitos de roca y materiales que vienen de plantas y animales muertos. El agua penetra en el suelo pero se escurre por la roca.

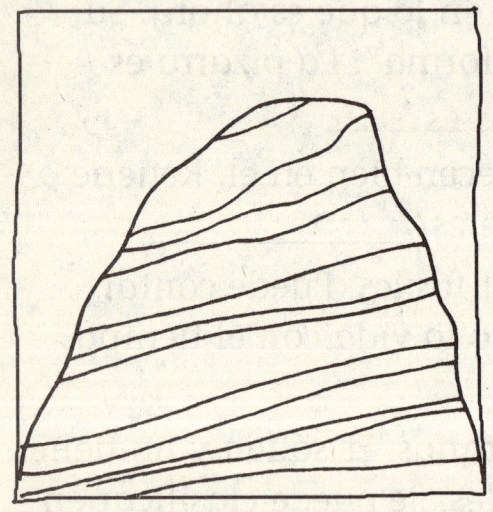 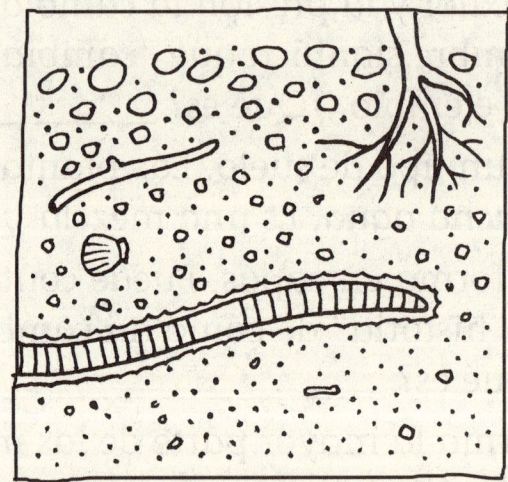

¡Aplícalo!

Usa el organizador gráfico de la página siguiente para comparar las rocas y el suelo.

Nombre _____

Cómo leer en Ciencias

Usar con el Capítulo 7.

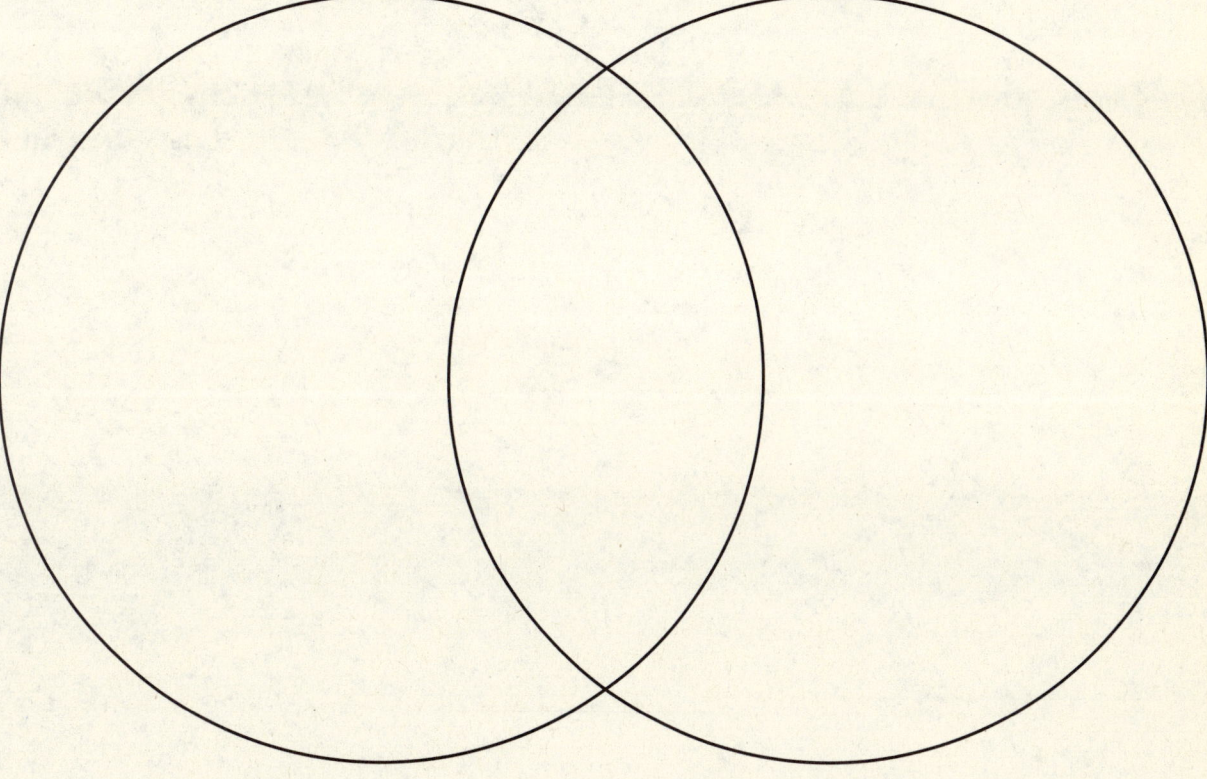

Notas para el hogar: Su niño(a) aprendió la destreza de comparar y contrastar.
Actividad para el hogar: Haga un diagrama de Venn con su niño(a) para comparar y contrastar dos cosas conocidas, como dos mascotas o dos alimentos preferidos.

Notas

Nombre _____

Piensa, lee y aprende

Usar con las páginas 199–201.

Lección 1: ¿Cómo se forman las rocas?

Antes de leer la Lección 1

Lee las siguientes afirmaciones. Marca el círculo para indicar si estás de acuerdo o en desacuerdo con cada una.

	De acuerdo	En desacuerdo
1. Las rocas se componen de uno o más minerales.	○	○
2. Las rocas ígneas se forman en capas.	○	○
3. Los fósiles se encuentran a menudo en las rocas metamórficas.	○	○

Después de leer la Lección 1

Vuelve a leer las afirmaciones anteriores. Si la lección apoya tu elección, marca el círculo *Correcto*. Luego, explica cómo apoya el texto tu elección. Si la lección no la apoya, marca el círculo *Incorrecto*. Luego explica por qué tu elección está equivocada.

	Correcto	Incorrecto
1. _____ _____	○	○
2. _____ _____	○	○
3. _____ _____	○	○

Notas para el hogar: Su niño(a) completó un repaso previo y posterior de los conceptos clave de la lección.
Actividad para el hogar: Reúnan algunos guijarros y agrúpenlos según sus semejanzas. Usen las palabras color, textura y minerales para describir los grupos de guijarros.

Cuaderno de práctica

Piensa, lee y aprende **64**

Nombre _____

Lección 1: Repaso

Usar con las páginas 199–201.

Repasar términos: Unir

Une cada descripción con la palabra o frase correcta. Escribe la letra en la línea junto a cada descripción.

_____ 1. cualquier material sólido y sin vida compuesto por uno o más minerales

_____ 2. material natural que se forma a partir de materia sin vida

_____ 3. roca que se forma a partir de una mezcla de gases y materiales derretidos

_____ 4. roca formada de capas que se pegan

_____ 5. roca que cambia por el calor, la presión o ambas

a. roca sedimentaria
b. roca ígnea
c. roca
d. mineral
e. roca metamórfica

Repasar conceptos: Verdadero o falso

Escribe V (verdadero) o F (falso) en la línea que está antes de cada oración.

_____ 6. Todas las rocas tienen la misma textura y tamaño de granos.

_____ 7. Los fósiles se hallan especialmente en las rocas metamórficas.

_____ 8. Las rocas ígneas vienen de los volcanes.

Aplicar estrategias: Comparar y contrastar

Usa oraciones completas para responder la pregunta 9. (2 puntos)

9. Nombra una semejanza y una diferencia entre rocas sedimentarias, ígneas y metamórficas.

_____
_____
_____

Repaso de la lección　　Cuaderno de práctica

Nombre _____

Piensa, lee y aprende

Usar con las páginas 202–205.

Lección 2: ¿Qué son los minerales?

Antes de leer la Lección 2

Lee las siguientes afirmaciones. Marca el círculo para indicar si estás de acuerdo o en desacuerdo con cada una.

	De acuerdo	En desacuerdo
1. Los minerales se identifican sólo por su color.	○	○
2. Hoy usaste varios minerales.	○	○
3. Casi todos los alimentos, excepto las verduras, contienen minerales.	○	○

Después de leer la Lección 2

Vuelve a leer las afirmaciones anteriores. Si la lección apoya tu elección, marca el círculo *Correcto*. Luego, explica cómo apoya el texto tu elección. Si la lección no la apoya, marca el círculo *Incorrecto*. Luego explica por qué tu elección está equivocada.

	Correcto	Incorrecto
1. _____ _____	○	○
2. _____ _____	○	○
3. _____ _____	○	○

Notas para el hogar: Su niño(a) completó un repaso previo y posterior de los conceptos clave de la lección.
Actividad para el hogar: Hagan una lista de algunos minerales, tales como cobre, cuarzo, grafito y hierro. Busquen productos en el hogar que contengan uno o más de estos minerales.

Cuaderno de práctica

Nombre _____

Lección 2: Repaso

Usar con las páginas 202–205.

Repasar conceptos: Completar oraciones

Completa cada oración con la palabra o frase correcta.

_____ 1. Cuando un mineral se frota sobre una superficie áspera, deja ____. (una raya, un lustre)

_____ 2. Perlado, sedoso, grasoso y opaco son formas de describir ____ de un mineral. (el lustre, la dureza)

_____ 3. El ____ es el mineral más duro. (talco, diamante)

_____ 4. Los minerales se encuentran en ____ cosas que las personas usan diariamente. (muchas, pocas)

_____ 5. El ____ es un mineral que ayuda a la formación de los huesos (cobre, calcio)

_____ 6. El flúor es un mineral que se halla en ____. (el acero, la pasta dental)

_____ 7. La halita es un mineral que se conoce como ____. (plomo, sal de mesa)

_____ 8. Casi ____ alimento(s) contiene(n) minerales. (todos los, ningún)

Escribir

Usa oraciones completas para responder la pregunta 9. (2 puntos)

9. Nombra dos minerales y explica cómo el cuerpo humano usa cada uno.

_____

_____

_____

_____

Nombre _____

Piensa, lee y aprende

Usar con las páginas 206–209.

Lección 3: ¿Por que es importante el suelo?

Antes de leer la Lección 3

Lee las siguientes afirmaciones. Marca el círculo para indicar si estás de acuerdo o en desacuerdo con cada una.

	De acuerdo	En desacuerdo
1. El suelo está compuesto de plantas y animales descompuestos.	○	○
2. La capa superior del suelo se llama mantillo.	○	○
3. Los buenos suelos no contienen seres vivos.	○	○

Después de leer la Lección 3

Vuelve a leer las afirmaciones anteriores. Si la lección apoya tu elección, marca el círculo *Correcto*. Luego, explica cómo apoya el texto tu elección. Si la lección no la apoya, marca el círculo *Incorrecto*. Luego explica por qué tu elección está equivocada.

	Correcto	Incorrecto
1. _____	○	○
2. _____	○	○
3. _____	○	○

Notas para el hogar: Su niño(a) completó un repaso previo y posterior de los conceptos clave de la lección.
Actividad para el hogar: Coloquen arena y tierra para macetas en vasos plásticos. Comparen la cantidad de agua que puede retener cada uno. Saquen una conclusión sobre lo que es mejor para las plantas.

Cuaderno de práctica

Nombre _____

Lección 3: Repaso

Usar con las páginas 206–209.

Repasar términos: Unir

Une cada descripción con la palabra o frase correcta.
Escribe la letra en la línea junto a cada descripción.

_____ 1. capa delgada de material suelto que cubre casi toda la superficie del planeta

_____ 2. proceso en el que se desintegran los restos de plantas y animales

_____ 3. un tipo de material que se libera por la descomposición

_____ 4. suelo con una mezcla de arena, limo, arcilla y humus

a. tierra negra
b. nutriente
c. suelo
d. descomposición

Repasar conceptos: Verdadero o falso

Escribe V (verdadero) o F (falso) en la línea que está antes de cada oración.

_____ 5. La naturaleza tarda casi diez años reconstruir el mantillo perdido.

_____ 6. El mantillo es la capa inferior del suelo.

_____ 7. La arcilla tiene las partículas más pequeñas de los suelos.

_____ 8. La tierra negra es buena para el crecimiento de las plantas.

Aplicar estrategias: Calcular

9. En cierta área, el mantillo tiene 1.5 metros de profundidad, el subsuelo 3.0 metros de profundidad y el lecho de roca 6.0 metros de profundidad. ¿Cuántos metros de profundidad tienen en total las tres capas de suelo? Muestra tu trabajo. (2 puntos)

Repaso de la lección

Cuaderno de práctica

Nombre _____

Matemáticas en Ciencias

Usar con el Capítulo 7.

Minerales en los alimentos

Mira la tabla. Un grupo de estudiantes observó los minerales que aparecen en los rótulos de los alimentos en sus hogares. Luego anotaron el número de alimentos que contienen esos minerales.

Mineral	Calcio	Hierro	Sodio	Potasio	Cobre
Número de alimentos que contienen este mineral	32	24	51	12	8

Usa la tabla para contestar las preguntas.

1. ¿Qué mineral se encuentra en casi todos los alimentos?

   _____

2. ¿Qué mineral se encuentra menos en los alimentos?

   _____

3. Los estudiantes observaron 60 alimentos en total. ¿Cuántos alimentos de la muestra no contienen sodio?

   _____

4. ¿Qué mineral se encuentra en los alimentos el doble que el potasio?

   _____

Notas para el hogar: Su niño(a) aprendió a leer una tabla para comparar datos.
Actividad para el hogar: Ayúdele a su niño(a) a hacer una tabla que muestre cuánto calcio hay en diferentes productos lácteos. Comparen los alimentos que proporcionan más y menos calcio por porción.

Cuaderno de práctica

Matemáticas en Ciencias

Notas

Libro para el hogar

Usar con el Capítulo 7.

Querida familia:

Su niño(a) está aprendiendo acerca de dos recursos importantes de la Tierra. En el capítulo de Ciencias "Rocas y suelos", nuestra clase aprendió cómo se forman las rocas, cómo se diferencian las rocas unas de otras, de qué está hecho el suelo y por qué el suelo es importante. También aprendieron cómo y por qué los fósiles se forman en ciertos tipos de rocas y por qué los minerales son materiales importantes para la vida de las personas.

Mientras los niños aprendían sobre rocas y suelos, también aprendieron muchas palabras nuevas de vocabulario. Ayude a su niño(a) para que estas palabras pasen a formar parte de su vocabulario y úsenlas cuando hablen de rocas y suelos.

roca
mineral
roca ígnea
roca sedimentaria
roca metamórfica
suelo
descomposición
nutriente
tierra negra

Las páginas siguientes incluyen actividades que usted y su niño(a) pueden hacer juntos. Su participación en la educación de su niño(a) ayudará a trasladar el aprendizaje al hogar.

Actividad de Ciencias en familia
¡A buscar rocas!

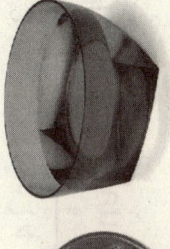

Materiales:
- recipiente o tazón de agua
- periódico
- moneda

Pasos:

① Salgan a buscar algunos guijarros. Su niño(a) debe reunir al menos tres guijarros para llevar a casa. Ayude a su niño(a) a buscar guijarros diferentes y fáciles de mover.

② Laven los guijarros en casa para quitarles la tierra.

③ Pida a su niño(a) que mire cada uno con cuidado. Pídale que describa el color o los colores de cada guijarro.

④ Pida a su niño(a) que describa la textura de cada uno. Por ejemplo: ¿es liso o áspero? ¿Tiene granos o capas?

⑤ Comprueben la dureza de los minerales que contiene cada guijarro. Primero, observen si es fácil rayarlos con las uñas. Luego, traten de rayarlos con una moneda.

Coméntenlo

Hablen acerca de las semejanzas y diferencias de los guijarros. ¿Podrían ser **rocas ígneas** (rocas dura con granos)? ¿Podrían ser **rocas sedimentarias** (rocas más suaves que se forman en capas)? ¿Podrían ser **metamórficas** (rocas que cambian por el calor y la presión durante largos períodos de tiempo)?

Cuaderno de práctica

Vocabulario: Sopa de letras

Encierra en un círculo en la sopa de letras las cinco palabras que se refieren al suelo.

ROCA	SUELO	DESCOMPOSICIÓN
NUTRIENTE	TIERRA NEGRA	

```
D T O L V S U X A N E
E D R V T U N I L Ñ A
S M Q G W A X F Y B A
C W D I O V F S T D O
O J F C N K E T I A Z
M T Y U B E A H E U F
P T M Z U F O S R C E
O F W X B M H A R I N
S U E L O M X U A R H
I D N U T R I E N T E
C G S U P O R S E X W
O I U W L E C T D G I C
N D M F E Y G Q A D P
```

© Pearson Education, Inc.

Un cuento sobre rocas

Usa el código de letras para descifrar las palabras del siguiente cuento.

CÓDIGO DE LETRAS

1 = A	2 = C	3 = D	4 = E
5 = F	6 = G	7 = I	8 = L
9 = M	10 = N	11 = O	12 = R
13 = S	14 = T		

Edwin tiene un trozo de

1. $\overline{12}\ \overline{11}\ \overline{2}\ \overline{1}$ $\overline{9}\ \overline{4}\ \overline{14}\ \overline{1}\ \overline{9}\ \overline{11}\ \overline{12}\ \overline{5}\ \overline{7}\ \overline{2}\ \overline{1}$.

Sonya tiene un **2.** $\overline{5}\ \overline{11}\ \overline{13}\ \overline{7}\ \overline{8}$ en una

3. $\overline{12}\ \overline{11}\ \overline{2}\ \overline{1}$ $\overline{13}\ \overline{4}\ \overline{3}\ \overline{7}\ \overline{9}\ \overline{4}\ \overline{10}\ \overline{14}\ \overline{1}\ \overline{12}\ \overline{7}\ \overline{1}$.

Edwin y Sonya comparten un **4.** $\overline{7}\ \overline{9}\ \overline{1}\ \overline{10}$.

Éste proviene de un **5.** $\overline{9}\ \overline{7}\ \overline{10}\ \overline{4}\ \overline{12}\ \overline{1}\ \overline{8}$ que

se encuentra en una **6.** $\overline{12}\ \overline{11}\ \overline{2}\ \overline{1}$ $\overline{7}\ \overline{6}\ \overline{10}\ \overline{4}\ \overline{1}$.

RESPUESTAS: 1. roca metamórfica, 2. fósil, 3. roca sedimentaria, 4. imán, 5. mineral, 6. roca ígnea

Nombre _____

Vistazo al vocabulario

Usar con el Capítulo 8.

Escoge una palabra para completar cada oración. Subraya las pistas que te ayudaron a decidir qué palabra usar.

erosión	corteza terrestre	manto terrestre
núcleo	lava	meteorización
magma	accidentes geográficos	

1. La capa más superficial de la Tierra, llamada _____, está compuesta de roca.

2. La roca del _____, o la capa que está debajo de la corteza terrestre, puede fluir porque está muy caliente.

3. Aunque es la capa más caliente de todas, el _____ interno de la Tierra está tan apretado que permanece sólido.

4. Las montañas, las colinas, los valles y las playas son ejemplos de _____ de la Tierra.

5. El _____ es roca muy caliente y pastosa que presiona hacia la superficie de la Tierra porque contiene gases.

6. Cuando un volcán erupciona, la roca derretida llamada _____ sale con fuerza.

7. Con el tiempo, la acción de la _____ transforma las peñas en guijarros.

8. El viento, el agua y los glaciares pueden levantar y mover trozos de roca mediante un proceso conocido como _____.

Notas para el hogar: Su niño(a) aprendió los términos de vocabulario del Capítulo 8.
Actividad para el hogar: Con su niño(a), inventen oraciones con las palabras de vocabulario. Luego, pida a su niño(a) que represente las palabras con dibujos.

Cuaderno de práctica

Vistazo al vocabulario

Nombre _____

Cómo leer en Ciencias

Usar con el Capítulo 8.

Secuencia

Lee el artículo científico.

Cómo crecen los glaciares

Los glaciares se demoran muchos años formándose. Primero, la nieve se acumula año tras año en lugares muy fríos donde no se derrite. Luego, las capas superiores presionan contra las capas inferiores compactándolas. Después, el peso convierte las capas inferiores de nieve en hielo. Finalmente, la fuerza es tan grande que hace mover el glaciar sobre la tierra. A medida que que el glaciar avanza, arrastra consigo rocas y suelo.

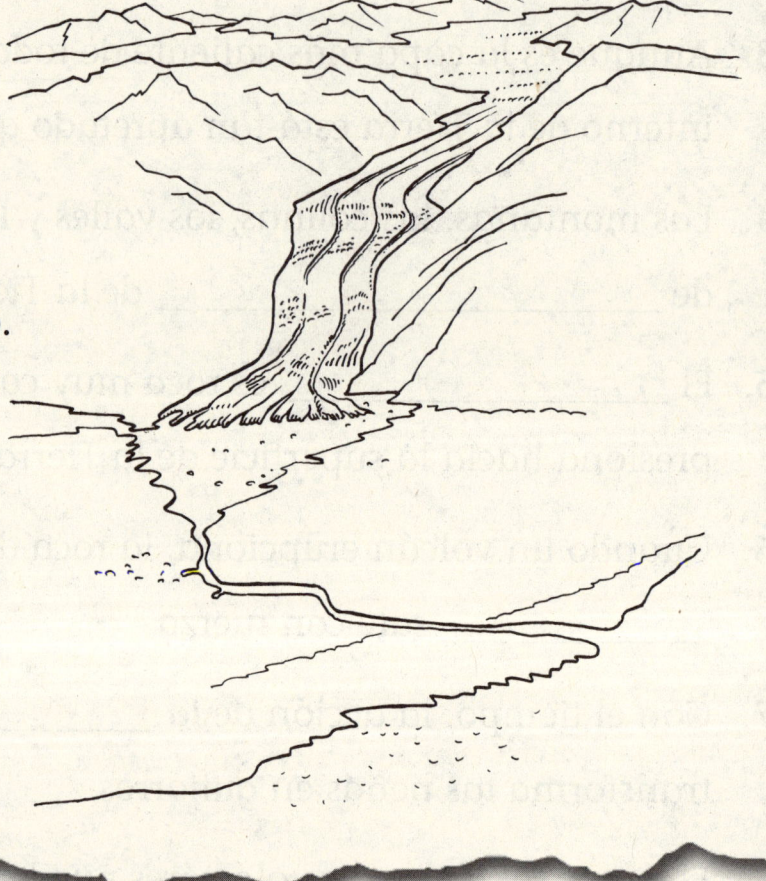

Nombre _____

Cómo leer en Ciencias

Usar con el Capítulo 8.

¡Aplícalo!

¿Cómo se forma un glaciar? Escribe los pasos en orden en el organizador gráfico.

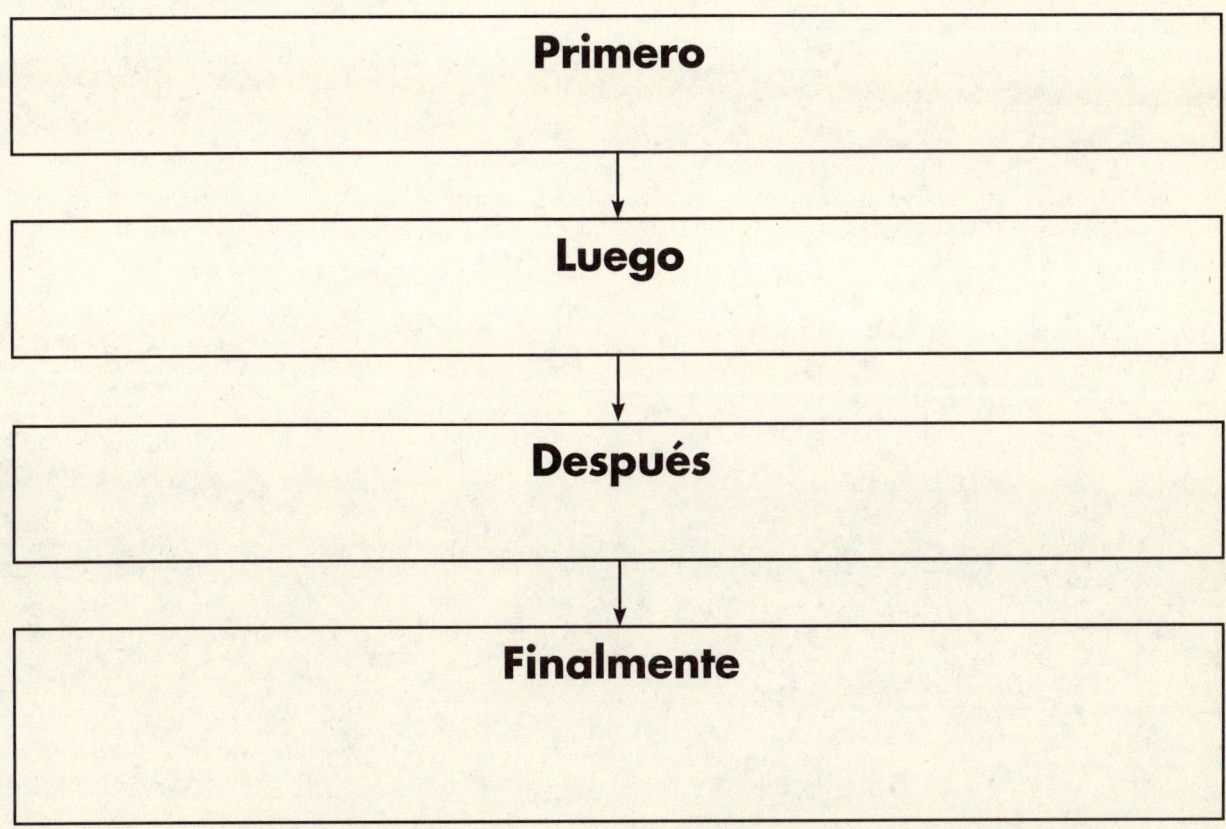

Notas para el hogar: Su niño(a) aprendió a ordenar una secuencia de sucesos.
Actividad para el hogar: Pida a su niño(a) que dibuje una tabla de secuencia para mostrar cómo se mueve un glaciar por la fuerza de la presión.

Cuaderno de práctica

Cómo leer en Ciencias

Notas

Nombre _____

Piensa, lee y aprende

Usar con las páginas 223–225.

Lección 1: ¿Cuáles son las capas de la Tierra?

Antes de leer la Lección 1

Lee las siguientes afirmaciones. Marca el círculo para indicar si estás de acuerdo o en desacuerdo con cada una.

	De acuerdo	En desacuerdo
1. El manto terrestre fluye como una pasta de dientes.	○	○
2. El núcleo de la Tierra es completamente líquido.	○	○
3. Una meseta es una llanura alta.	○	○

Después de leer la Lección 1

Vuelve a leer las afirmaciones anteriores. Si la lección apoya tu elección, marca el círculo *Correcto*. Luego, explica cómo apoya el texto tu elección. Si la lección no la apoya, marca el círculo *Incorrecto*. Luego explica por qué tu elección está equivocada.

	Correcto	Incorrecto
1. _____	○	○
2. _____	○	○
3. _____	○	○

Notas para el hogar: Su niño(a) completó un repaso previo y posterior de los conceptos clave de la lección.
Actividad para el hogar: Salgan a dar un paseo o miren con su niño(a) algunas ilustraciones de accidentes geográficos. Hablen acerca de cómo la naturaleza formó esos accidentes.

Cuaderno de práctica

Nombre _____

Lección 1: Repaso

Usar con las páginas 223–225.

Repasar términos: Completar oraciones

Completa cada oración con la palabra o frase correcta.

_____ 1. ___ es la capa más superficial de la Tierra. (La corteza terrestre, El núcleo)

_____ 2. La capa debajo de la corteza terrestre es el ___. (núcleo, manto terrestre)

_____ 3. La capa más profunda de la Tierra es ___. (la corteza terrestre, el núcleo)

_____ 4. Los ___ son formaciones sólidas sobre la corteza terrrestre. (océanos, accidentes geográficos)

Repasar conceptos: Unir

Une cada descripción con la palabra correcta. Escribe la letra en la línea junto a cada descripción.

_____ 5. zona grande, principalmente plana   **a.** valle

_____ 6. terreno junto al océano   **b.** llanura

_____ 7. zona baja y angosta   **c.** costa

_____ 8. lugar alto   **d.** colina

Escribir

Usa oraciones completas para responder la pregunta 9. (2 puntos)

9. Escribe un párrafo corto que describa las capas de la Tierra.

_____
_____
_____
_____

Repaso de la lección   Cuaderno de práctica

Nombre _____

Piensa, lee y aprende

Usar con las páginas 226–229.

Lección 2: ¿Qué son los volcanes y los terremotos?

Antes de leer la Lección 2

Lee las siguientes afirmaciones. Marca el círculo para indicar si estás de acuerdo o en desacuerdo con cada una.

	De acuerdo	En desacuerdo
1. La lava se endurece y se transforma en roca ígnea.	○	○
2. Las partes en movimiento de la corteza terrestre causan terremotos.	○	○
3. Los movimientos de tierra ocurren a menudo a lo largo de las fallas.	○	○

Después de leer la Lección 2

Vuelve a leer las afirmaciones anteriores. Si la lección apoya tu elección, marca el círculo *Correcto*. Luego, explica cómo apoya el texto tu elección. Si la lección no la apoya, marca el círculo *Incorrecto*. Luego explica por qué tu elección está equivocada.

	Correcto	Incorrecto
1. _____	○	○
_____		
2. _____	○	○
_____		
3. _____	○	○
_____		

Notas para el hogar: Su niño(a) completó un repaso previo y posterior de los conceptos clave de la lección.
Actividad para el hogar: Pida a su niño(a) que le explique cómo se relacionan los terremotos y los volcanes con la corteza y el manto de la Tierra.

Cuaderno de práctica

Nombre _____

Lección 2: Repaso

Usar con las páginas 226–229.

Repasar conceptos: Completar oraciones

Completa cada oración con la palabra o frase correcta.

_____ 1. _____ es roca caliente y pastosa que se mueve dentro del manto. (La lava, El magma)

_____ 2. La roca derretida que sale de un volcán se llama _____. (lava, erupción)

Repasar conceptos: Verdadero o falso

Escribe **V** (verdadero) o **F** (falso) en la línea que está antes de cada oración.

_____ 3. El magma se forma en el núcleo de la Tierra.

_____ 4. Un volcán es una abertura en la corteza terrestre por donde sale una erupción.

_____ 5. Al enfriarse, la lava se transforma en roca sedimentaria.

_____ 6. El magma se acumula bajo tierra en cámaras de magma.

_____ 7. Las vibraciones de los terremotos viajan como ondas.

_____ 8. Los terremotos causan más daños cuanto más lejos ocurren de las ciudaes.

Aplicar estrategias: Secuencia

Usa oraciones completas para responder la pregunta 9. (2 puntos)

9. Usa las palabras clave de las siguientes oraciones y escribe los pasos de una erupción volcánica en el orden correcto.

Luego, el magma sube por las grietas de la corteza terrrestre.

Primero, el magma se forma en el manto de la Tierra.

Finalmente, la lava se enfría, se endurece y forma roca ígnea.

Después, el magma sale del volcán y se llama lava.

_____

_____

Repaso de la lección

Cuaderno de práctica

Nombre _____

Piensa, lee y aprende

Usar con las páginas 230–233.

Lección 3: ¿Qué son la meteorización y la erosión?

Antes de leer la Lección 3

Lee las siguientes afirmaciones. Marca el círculo para indicar si estás de acuerdo o en desacuerdo con cada una.

	De acuerdo	En desacuerdo
1. La única causa de la erosión es el viento.	○	○
2. La meteorización es la acción que parte las rocas.	○	○
3. Los seres vivos no causan meteorización.	○	○

Después de leer la Lección 3

Vuelve a leer las afirmaciones anteriores. Si la lección apoya tu elección, marca el círculo *Correcto*. Luego, explica cómo apoya el texto tu elección. Si la lección no la apoya, marca el círculo *Incorrecto*. Luego explica por qué tu elección está equivocada.

	Correcto	Incorrecto
1. _____ _____	○	○
2. _____ _____	○	○
3. _____ _____	○	○

Notas para el hogar: Su niño(a) completó un repaso previo y posterior de los conceptos clave de la lección.
Actividad para el hogar: Congelen una cantidad exacta de agua en una taza de medir. Observen cómo cambió la medida del agua al congelarse. Hablen acerca de cómo el aumento de volumen del agua congelada contribuye a partir las rocas.

Cuaderno de práctica

Piensa, lee y aprende **76**

Nombre _____

Lección 3: Repaso

Usar con las páginas 230–233.

Repasar términos: Unir

Une cada descripción con la palabra correcta. Escribe la letra en la línea junto a cada descripción.

_____ 1. toda acción que parte las rocas en trozos más pequeños

_____ 2. movimiento de rocas partidas y materiales del suelo

a. erosión
b. meteorización

Repasar conceptos: Completar oraciones

Completa cada oración con la palabra o frase correcta.

_____ 3. Los accidentes geográficos ___ cambian. (siempre, nunca)

_____ 4. Las raíces de las plantas pueden producir ___. (meteorización, erosión)

_____ 5. La ___ hace que el agua se expanda y agriete las rocas. (congelación, deshielo)

_____ 6. El agua de lluvia produce ___ cuando arrastra el suelo. (erosión, gravedad)

_____ 7. En áreas secas como desiertos, el ___ produce la mayor parte de la erosión. (viento, agua)

_____ 8. ___ produce los deslizamientos de tierra. (El viento, La gravedad)

Aplicar conceptos: Comparar números

9. Usa la lista de abajo para decir qué tipo de roca es diez veces más grande que un guijarro. Explica cómo lo sabes. (2 puntos)

Tamaños de las rocas

Peña	300 mm	Canto rodado	100 mm
Guijarro	30 mm	Arena	1 mm

_____

76A Repaso de la lección

Cuaderno de práctica

Nombre _____

Matemáticas en Ciencias

Usar con el Capítulo 8.

Medir un terremoto

La escala de Richter mide la magnitud de los terremotos. Los suaves miden entre 1 y 3. Los más fuertes miden 7 u 8 en la escala de Richter.

Magnitud Richter	Efectos	Cantidad
Menos de 2.0	No se siente	Unos 8,000 diarios
2.0 a 2.9	Generalmente no se siente	Unos 1,000 diarios
3.0 a 3.9	Generalmente se siente, pero raras veces produce daños	49,000 al año
4.0 a 4.9	Probablemente produce pocos daños	6,200 al año
5.0 a 5.9	Daños en edificios mal construidos en un área pequeña	800 al año
6.0 a 6.9	Daños y destrucción en un área hasta de 100 millas a la redonda	120 al año
7.0 a 7.9	Daños muy graves en áreas grandes	18 al año
8.0 o mayor	Daños muy graves en áreas de cientos de millas a la redonda	1 al año

Usa la tabla para responder las preguntas.

1. ¿Aproximadamente cuántos terremotos de magnitud 5.0 a 5.9 ocurren cada año? _____

2. ¿Qué daños puede producir un terremoto de magnitud 6.0 a 6.9?
   _____
   _____

3. ¿Cómo describirías la relación que existe entre la magnitud de los terremotos y la cantidad que ocurren cada año? _____
   _____

Notas para el hogar: Su niño(a) aprendió a medir el tamaño y la magnitud de los temblores de tierra.
Actividad para el hogar: Hable con su niño(a) acerca de los temblores que hay en su área. Visiten una biblioteca o sitio de la Internet para aprender qué medidas de seguridad se deben tomar durante un temblor de tierra.

Cuaderno de práctica

Matemáticas en las Ciencias

Notas

Libro para el hogar

Usar con el Capítulo 8.

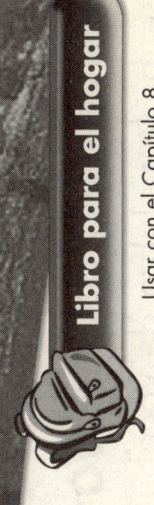

Querida familia:

Su niño(a) está aprendiendo acerca de la superficie de la Tierra y cómo cambia. En el capítulo de Ciencias "Cambios en la Tierra", nuestra clase aprendió acerca de las capas y los accidentes geográficos de nuestro planeta. Los niños también aprendieron sobre los sucesos que hacen cambiar la superficie, como las erupciones volcánicas, los temblores de tierra, la meteorización y la erosión.

A medida que los estudiantes aprenden sobre los cambios de la Tierra, también aprenden muchas palabras nuevas de vocabulario. Ayude a su niño(a) para que estas palabras pasen a formar parte de su vocabulario y úsenlas cuando hablen de la Tierra y sus cambios.

> corteza terrestre
> manto terrestre
> núcleo
> accidente geográfico
> magma
> lava
> meteorización
> erosión

Las páginas siguientes contienen actividades que usted y su niño(a) pueden hacer juntos. Su participación en la educación de su niño(a) ayudará a trasladar el aprendizaje al hogar.

© Pearson Education, Inc.

Actividad de Ciencias en familia

Hacer un cartel de accidentes geográficos

Materiales:
- revistas y periódicos viejos
- tijeras
- papel
- pegamento o engrudo
- marcador

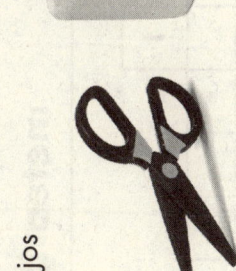

Pasos:

1. Miren con su niño(a) revistas o periódicos viejos. Recorten fotografías de paisajes naturales.
2. Si la fotografía tiene una leyenda, léanla. Pídale a su niño(a) que señale diferentes accidentes geográficos en la fotografía, como montañas, mesetas, colinas, valles, lagos, arroyos, ríos o mares.
3. Pida a su niño(a) que elija al menos cuatro fotografías que ilustren accidentes geográficos para pegarlas en un cartel.
4. Distribuyan las fotografías en la hoja de papel grande. Usen pegamento o engrudo para pegar las fotografías en su sitio. (Dejen espacio para escribir el título y una leyenda).
5. Invite a su niño(a) a que escriba un título y algunas oraciones cortas que hablen de las fotografías del cartel.
6. Pida a su niño(a) que le explique el cartel. Luego, exhíbalo en el hogar.

Cuaderno de práctica

Adivinanzas de vocabulario

Escribe la palabra de vocabulario del cuadro que responde cada adivinanza.

| corteza terrestre | manto terrestre |
| núcleo | magma |

1. Soy lo que está dentro de una manzana. Soy la palabra _____.

2. Soy la superficie de un pastel. Soy la palabra _____.

3. La letra "t" se metió en mi "mano". Soy la palabra _____.

4. Soy una madre con una "g" en medio. Soy la palabra _____.

RESPUESTAS: 1. núcleo, 2. corteza terrestre, 3. manto terrestre, 4. magma

© Pearson Education, Inc.

Crucigrama

Usa las siguientes palabras para completar el crucigrama sobre la Tierra. Escribe una letra en cada cuadro.

| terremoto | erosión | lava |
| volcán | meteorización | |

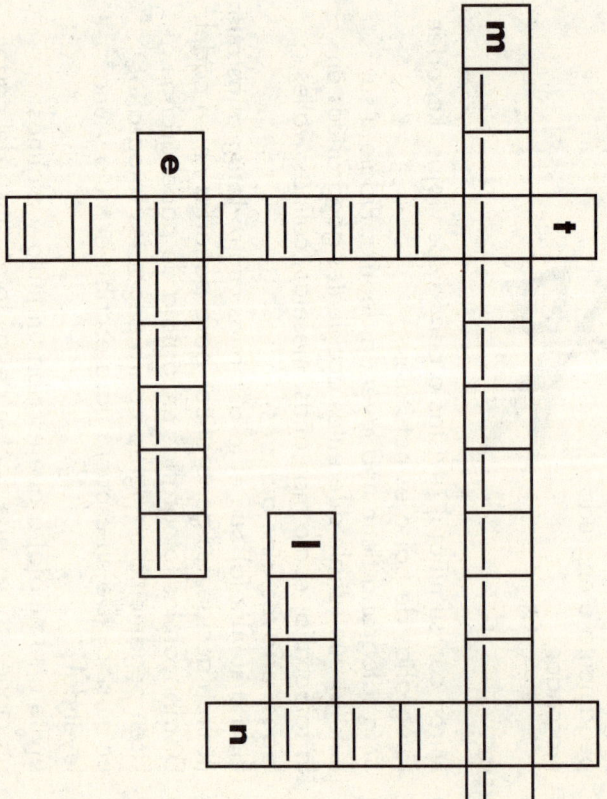

80 Libro para el hogar

Cuaderno de práctica

Nombre _____

Vistazo al vocabulario

Usar con el Capítulo 9.

Encierra en un círculo la letra de la respuesta que mejor completa el significado de la palabra en negrita.

1. Los **recursos naturales** son materiales que provienen de la Tierra y que los seres vivos necesitan, como ____.
   A. el aire
   B. el agua
   C. los minerales
   D. todos los anteriores

2. Algunos recursos son **renovables**, lo que significa que ____.
   A. se pueden reemplazar
   B. no se pueden reemplazar
   C. no son necesarios
   D. se necesitan más que otros recursos

3. Los **recursos no renovables**, como el petróleo, el carbón y el hierro, se deben usar cuidadosamente porque ____.
   A. son peligrosos
   B. hay muy poco de estos recursos
   C. la Tierra no los puede reemplazar
   D. contaminan la Tierra

4. Con el tiempo, la **conservación** ayudará a las personas porque ____.
   A. les permitirá hallar nuevos recursos
   B. evita el desperdicio de recursos
   C. purifica el agua sucia
   D. se lleva el suelo

5. Para **reciclar** recursos, hay que ____.
   A. transformarlos para usarlos otra vez
   B. usarlos una y otra vez
   C. botarlos
   D. usarlos menos

Notas para el hogar: Su niño(a) aprendió los términos de vocabulario del Capítulo 9.
Actividad para el hogar: Usen las palabras de vocabulario mientras usted y su niño(a) guardan los alimentos y otros artículos. Hablen acerca de los recursos que se usan para fabricar esos productos y de cómo se pueden conservar y reciclar.

Cuaderno de práctica

Vistazo al vocabulario **81**

Nombre _____

Cómo leer en Ciencias

Usar con el Capítulo 9.

Comparar y contrastar

Lee el artículo científico.

Energía

Quemamos mucho carbón para producir energía. De hecho, el carbón proporciona el 22 por ciento de la energía que se usa en los Estados Unidos. La mayor parte de la energía del carbón se transforma en electricidad o se usa para hacer funcionar las máquinas a vapor. Sin embargo, quemarlo contamina el aire. Para obtener carbón, tenemos que extraerlo de la tierra y eso es peligroso para los trabajadores. Además, algún día el carbón se acabará.

La energía solar proviene del Sol. La gente la consigue mediante el uso de paneles o celdas solares. Estos inventos transforman la energía solar en energía calórica o energía eléctrica. Es un suministro de energía limpia e ilimitada. Sin embargo, reunir suficiente energía solar que sea útil y los inventos necesarios para utilizarla, la harían más costosa con relación a otras formas de energía. Además, las nubes y la noche limitan esta fuente de energía.

82 Cómo leer en Ciencias

Cuaderno de práctica

Nombre _____

Cómo leer en Ciencias

Usar con el Capítulo 9.

¡Aplícalo!

Completa el organizador gráfico. Escribe en qué se parecen y en qué se diferencian la energía solar y la energía de la combustión de carbón.

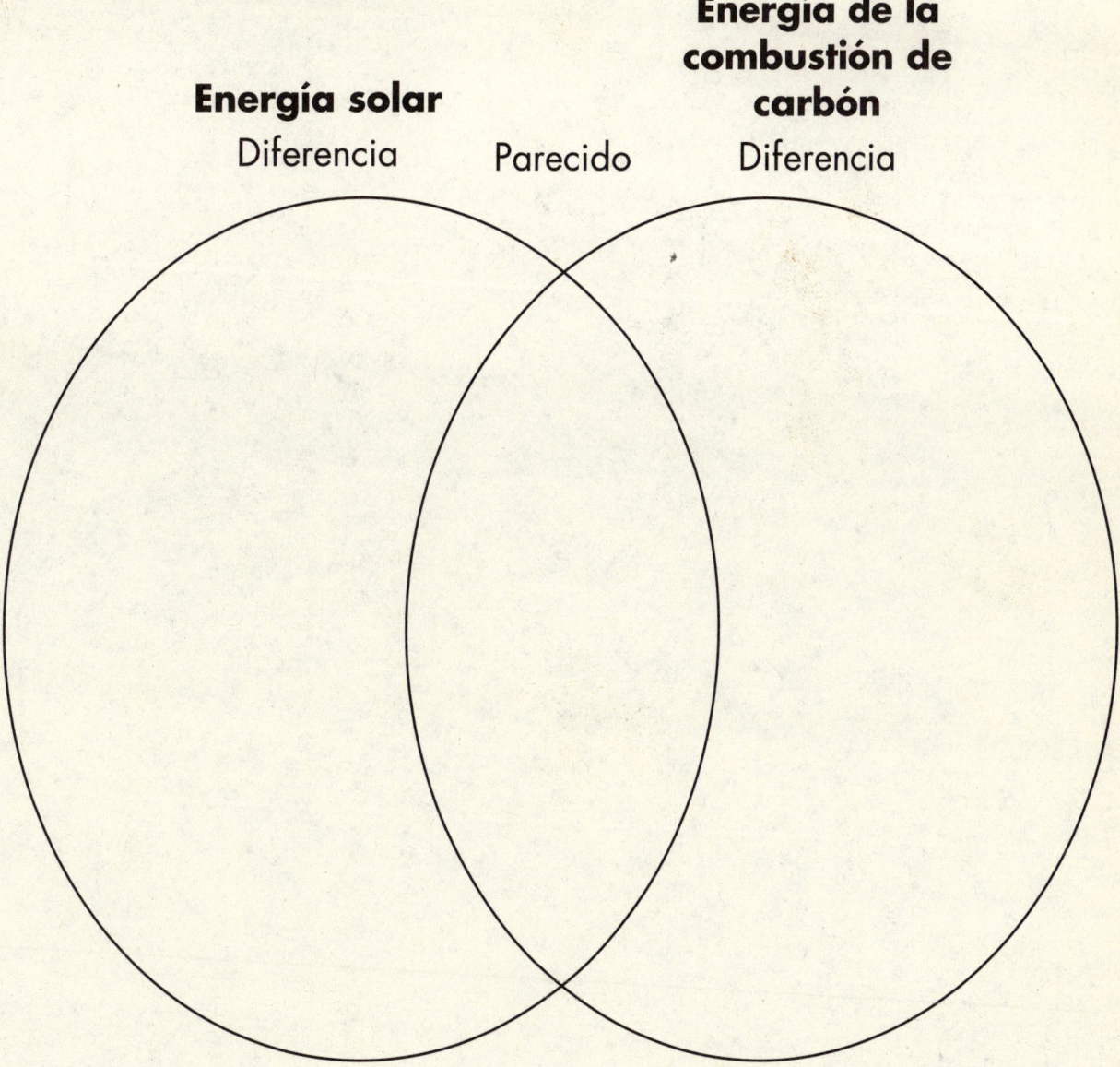

Notas para el hogar: Su niño(a) aprendió a comparar y contrastar.
Actividad para el hogar: Con su niño(a), investiguen qué fuente(s) de energía se usa(n) para generar electricidad. ¿Qué hace la compañía de energía eléctrica para no contaminar el aire?

Cuaderno de práctica — Cómo leer en Ciencias

Notas

Nombre _____

Piensa, lee y aprende

Usar con las páginas 247–249.

Lección 1: ¿Qué son los recursos?

Antes de leer la Lección 1

Lee las siguientes afirmaciones. Marca el círculo para indicar si estás de acuerdo o en desacuerdo con cada una.

	De acuerdo	En desacuerdo
1. Para renovar el recurso de los árboles, plantamos nuevos árboles.	○	○
2. Combustibles como el petróleo, el gas natural y el carbón, son recursos renovables.	○	○
3. La luz del Sol es un recurso no renovable.	○	○

Después de leer la Lección 1

Vuelve a leer las afirmaciones anteriores. Si la lección apoya tu elección, marca el círculo *Correcto*. Luego, explica cómo apoya el texto tu elección. Si la lección no la apoya, marca el círculo *Incorrecto*. Luego explica por qué tu elección está equivocada.

	Correcto	Incorrecto
1. _____ _____	○	○
2. _____ _____	○	○
3. _____ _____	○	○

Notas para el hogar: Su niño(a) completó un repaso previo y posterior de los conceptos clave de la lección.
Actividad para el hogar: Haga una investigación con su niño(a) para identificar productos y muebles en el hogar hechos de árboles, de hierro, petróleo o carbón.

Cuaderno de práctica

Nombre _____

Lección 1: Repaso

Usar con las páginas 247–249.

Repasar términos: Unir

Une cada descripción con la frase correcta. Escribe la letra en la línea junto a cada descripción.

_____ 1. materiales importantes que provienen de la Tierra y que los seres vivos necesitan

_____ 2. recursos que se pueden reemplazar en un tiempo relativamente corto

_____ 3. recursos que no se pueden reemplazar

a. recursos renovables
b. recursos naturales
c. recursos no renovables

Repasar conceptos: Verdadero o falso

Escribe V (verdadero) o F (falso) en la línea que está antes de cada oración.

_____ 4. La madera es un recurso natural.

_____ 5. Los árboles son un recurso no renovable.

_____ 6. Las menas son rocas que contienen metales o minerales.

_____ 7. El hierro es un recurso renovable.

_____ 8. La luz del Sol es un recurso inagotable.

Escribir

Usa oraciones completas para responder la pregunta 9. (2 puntos)

9. Describe un recurso natural y explica cómo lo usan las personas.

_____
_____
_____
_____

Nombre _____

Piensa, lee y aprende

Usar con las páginas 250–253.

Lección 2: ¿Cómo podemos proteger nuestros recursos?

Antes de leer la Lección 2

Lee las siguientes afirmaciones. Marca el círculo para indicar si estás de acuerdo o en desacuerdo con cada una.

	De acuerdo	En desacuerdo
1. Cuando ahorras recursos, los desperdicias.	○	○
2. La mayor parte de nuestra basura es papel.	○	○
3. Los rellenos sanitarios son zonas grandes donde se entierra la basura.	○	○

Después de leer la Lección 2

Vuelve a leer las afirmaciones anteriores. Si la lección apoya tu elección, marca el círculo *Correcto*. Luego, explica cómo apoya el texto tu elección. Si la lección no la apoya, marca el círculo *Incorrecto*. Luego explica por qué tu elección está equivocada.

	Correcto	Incorrecto
1. _____ _____	○	○
2. _____ _____	○	○
3. _____ _____	○	○

Notas para el hogar: Su niño(a) completó un repaso previo y posterior de los conceptos clave de la lección.
Actividad para el hogar: Hagan una lista de las formas en que usted y su niño(a) pueden ahorrar recursos, como combustibles. Por ejemplo, podrían caminar juntos al colegio en lugar de ir en auto.

Cuaderno de práctica

Nombre _____

Lección 2: Repaso

Usar con las páginas 250–253.

Repasar términos: Completar oraciones

Completa la oración con la frase correcta.

_____ 1. ____ es el buen uso de los recursos naturales.
(El abono orgánico, La conservación)

Repasar conceptos: Completar oraciones

Completa cada oración con la palabra o frase correcta.

_____ 2. Puedes ahorrar agua usándola ____. (más, menos)

_____ 3. Los humedales pueden ____ el agua. (limpiar, abonar)

_____ 4. El viento y el agua pueden producir ____ del suelo. (conservación, erosión)

_____ 5. La descomposición puede convertir los restos de hierba del jardín en ____. (agua, abono orgánico)

_____ 6. Un ____ es un lugar donde se entierra basura. (relleno sanitario, humedal)

_____ 7. El humo que produce la basura quemada se debe ____ antes de lanzarlo al aire. (limpiar, ahorrar)

_____ 8. Si las personas produjeran menos basura, se necesitaría ____ espacio para los rellenos sanitarios. (menos, más)

Aplicar estrategias: Comparar y contrastar

Usa oraciones completas para responder la pregunta 9. (2 puntos)

9. ¿En qué se parecen la conservación del suelo y del agua? ¿En qué se diferencian?

_____

_____

_____

_____

Nombre _____

Piensa, lee y aprende

Usar con las páginas 254–257.

Lección 3: ¿Cómo volvemos a utilizar los recursos?

Antes de leer la Lección 3

Lee las siguientes afirmaciones. Marca el círculo para indicar si estás de acuerdo o en desacuerdo con cada una.

	De acuerdo	En desacuerdo
1. Al reciclar una cosa, la transformas para usarla otra vez.	○	○
2. El vidrio sólo se puede reciclar una vez.	○	○
3. Las tres R para proteger los recursos son *renovación*, *rehuso* y *recurso*.	○	○

Después de leer la Lección 3

Vuelve a leer las afirmaciones anteriores. Si la lección apoya tu elección, marca el círculo *Correcto*. Luego, explica cómo apoya el texto tu elección. Si la lección no la apoya, marca el círculo *Incorrecto*. Luego explica por qué tu elección está equivocada.

	Correcto	Incorrecto
1. _____	○	○
2. _____	○	○
3. _____	○	○

Notas para el hogar: Su niño(a) completó un repaso previo y posterior de los conceptos clave de la lección.

Actividad para el hogar: Empiecen un programa de reutilización en casa en el que cada uno trata de hallar maneras de volver a usar cosas que la familia ya no necesita ni desea. Por ejemplo, podrían cortar una toalla vieja en trozos para usarlos como trapos.

Cuaderno de práctica

Nombre _____

Lección 3: Repaso

Usar con las páginas 254–257.

Repasar términos: Completar oraciones

Completa la oración con la palabra correcta.

_____ 1. ____ significa transformar algo en un producto nuevo para poder usarlo otra vez. (Reutilizar, Reciclar)

Repasar conceptos: Verdadero o falso

Escribe **V** (verdadero) o **F** (falso) en la línea que está antes de cada oración.

_____ 2. Reutilizar cosas es una manera de ahorrar recursos.

_____ 3. El metal, el vidrio, el papel y el plástico son materiales que se pueden reciclar.

_____ 4. Al reutilizar, se crea un producto nuevo.

_____ 5. Reutilizar cosas para ahorrar recursos es una idea nueva.

_____ 6. Reciclar vidrio no ahorra energía.

_____ 7. Comprar productos hechos de materiales reciclados ahorra recursos.

_____ 8. Reducir, reutilizar y reciclar son tres formas de preocuparse por la Tierra.

Aplicar conceptos: Calcular

9. Las personas reciclan 70 kilogramos de cartón por cada 100 kilogramos que se producen. Si se producen 500 kilogramos de cartón, ¿cuántos kilogramos se reciclarán? Muestra tu trabajo. (2 puntos)

Nombre _____

Matemáticas en Ciencias

Usar con el Capítulo 9.

Desaparición de los bosques

La gráfica muestra cuántos bosques tropicales se han perdido en tres regiones del mundo y en el mundo entero en tan sólo 30 años.

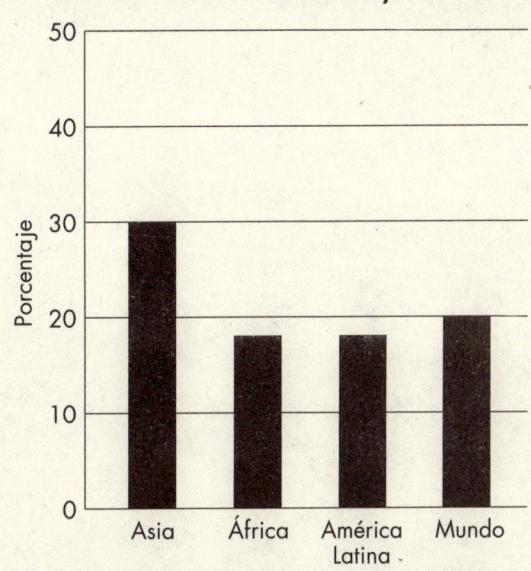

Porcentaje de bosques tropicales talados entre 1960 y 1990

Usa la gráfica para responder estas preguntas.

1. ¿Qué porcentaje de los bosques tropicales de Asia se talaron entre 1960 y 1990? _____

2. La barra *Mundo* muestra el porcentaje promedio de bosques tropicales talados en todas las regiones. ¿Qué porcentaje de los bosques tropicales del mundo se talaron entre 1960 y 1990? _____

3. ¿Qué conclusión puedes sacar de esta gráfica? _____

_____

_____

Notas para el hogar: Su niño(a) aprendió a leer una gráfica de barras.
Actividad para el hogar: Cuenten el número de latas, cajas y envases de alimentos que hay en su cocina. Luego, hagan una gráfica de barras que muestre sus datos. Hágale preguntas a su niño(a) sobre la gráfica.

Cuaderno de práctica

Notas

Libro para el hogar

Usar con el Capítulo 9.

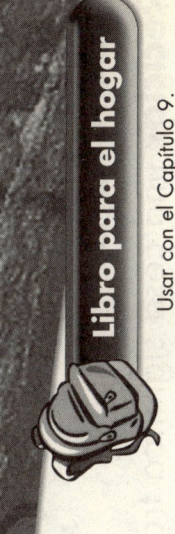

Querida familia:

Su niño(a) está aprendiendo acerca de los recursos naturales de la Tierra. En el capítulo de Ciencias "Recursos naturales", nuestra clase aprendió cómo usamos los recursos naturales—los que pueden ser reemplazados en un período corto de tiempo (**recursos renovables**) y los que no pueden ser reemplazados (**recursos no renovables**). Los estudiantes también aprendieron acerca de la conservación y el reciclaje de recursos naturales.

A medida que los estudiantes aprenden sobre los recursos naturales, también aprenden muchas palabras nuevas de vocabulario. Ayude a su niño(a) para que estas palabras pasen a formar parte de su propio vocabulario y úsenlas cuando hablen de la Tierra y sus recursos naturales.

```
recurso natural
recurso renovable
recurso no renovable
conservación
reciclar
```

Las páginas siguientes contienen actividades que usted y su niño(a) pueden hacer juntos. Su participación en la educación de su niño(a) ayudará a trasladar el aprendizaje al hogar.

© Pearson Education, Inc.

Actividad de Ciencias en familia

Reciclar una bolsa de papel

Ayude a su niño(a) a aprender cómo se pueden reciclar los recursos naturales haciendo una cometa con una bolsa de papel.

Materiales:
- bolsa de papel
- tijeras
- dos varitas
- pegamento o grapadora
- carrete de cuerda
- hilo o cinta (opcional)

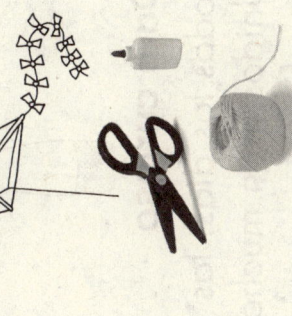

Pasos:

1. Recorten un rectángulo grande de la bolsa de papel. Para hacerlo, usen las tijeras para cortar el fondo y luego uno de los lados de la bolsa.

2. Dénle forma de diamante al rectángulo plegando las esquinas en un punto. Usen pegamento o la grapadora para fijar esta forma de diamante.

3. Con las dos varitas, formen una "t". Átenlas con un trozo de cuerda.

4. Peguen o engrapen la "t" sobre la cometa para que la "t" se extienda desde una esquina del diamante hasta la otra. (También pueden usar cuerda para atar la "t" a las cuatro esquinas de la cometa).

5. Aten la cuerda desde el carrete hasta el centro de la "t" con un nudo firme. Cuando vuelen la cometa, sujeten el carrete y vayan soltando o enrollando la cuerda.

6. Si quieren, pueden decorar la cometa añadiendo trozos de hilo o cintas que se moverán en el aire cuando vuelen la cometa.

Cuaderno de práctica

Reciclaje

Reciclar una cosa significa transformarla para usarla otra vez. Las siguientes parejas de cosas son ejemplos de reciclaje, excepto una. Encierra en un círculo la única pareja que **no** es ejemplo de reciclaje.

Antes de reciclar ⟶ **Después de reciclar**

1. lata de aluminio ⟶ camión de juguete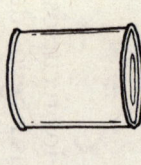

2. periódico ⟶ sobre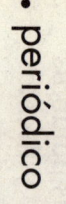

3. neumático de caucho 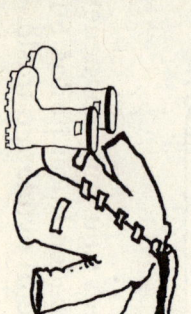 ⟶ impermeable y botas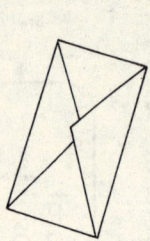

4. tazón de plástico 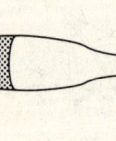 ⟶ diccionario

5. botella de vidrio  ⟶ brazalete de vidrio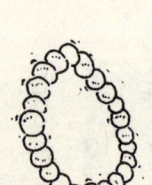

Dato curioso

Todos los días, las oficinas en los Estados Unidos tiran mucho papel. ¿Cuánto? ¡Bueno, lo suficiente como para darle la vuelta a nuestro planeta 20 veces!

Nombre _____

Vistazo al vocabulario

Usar con el Capítulo 10.

Encierra en un círculo la letra de la respuesta que explica mejor el significado de la palabra en negrita.

1. Todo lo que te rodea está hecho de **materia**, incluso el aire.
   A. cosas sencillas
   B. todo lo que tiene masa y ocupa espacio
2. Usa tus sentidos para descubrir las **propiedades** de una cosa.
   A. afirmaciones verdaderas   B. cualidades que puedes observar
3. A medida que inflas un globo, el aire que está dentro ejerce más y más **presión**.
   A. fuerza de empuje   B. volumen
4. Las partículas más pequeñas de un **elemento** conservan todas las propiedades de ese elemento.
   A. trozo pequeño
   B. substancia hecha de un solo tipo de partícula
5. El oro está hecho sólo de **átomos** de oro, pero un **átomo** de oro es demasiado pequeño de ver.
   A. la unidad más pequeña de un elemento
   B. la partícula más pequeña posible
6. Cada elemento ocupa un lugar en la **tabla periódica**.
   A. lista de materia   B. distribución ordenada de elementos
7. La **masa** de un objeto se puede medir con una pesa o una balanza.
   A. cantidad de materia   B. tamaño
8. Al medir la leche para un pastel, se mide su **volumen**.
   A. peso   B. espacio que ocupa
9. Dos pelotas del mismo tamaño y diferente peso tienen **densidades** diferentes.
   A. volumen   B. cantidad de materia por unidad de espacio
10. Una tapa de plástico tiene más **flotabilidad** que una piedra.
    A. capacidad para flotar   B. capacidad para hundirse

Notas para el hogar: Su niño(a) aprendió los términos de vocabulario del Capítulo 10.
Actividad para el hogar: Pida a su niño(a) que use ilustraciones y otras gráficas del Capítulo 10 para explicar el significado de las palabras de vocabulario.

Nombre _____

Cómo leer en Ciencias

Usar con el Capítulo 10.

Causa y efecto

Lee el artículo científico.

Cómo se derrite un helado

Un sólido puede convertirse en líquido. Por ejemplo, un helado se derrite rápidamente en un día caluroso. ¿Por qué? El helado absorbe la energía térmica del Sol. Esto hace que las pequeñas partículas que forman el helado adquieran más energía y así se mueven más libremente. Por eso el helado sólido se convierte en líquido.

Nombre _____

Cómo leer en Ciencias

Usar con el Capítulo 10.

¡Aplícalo!

Completa el organizador gráfico. Escribe tres causas y un efecto de la información que leíste en el artículo.

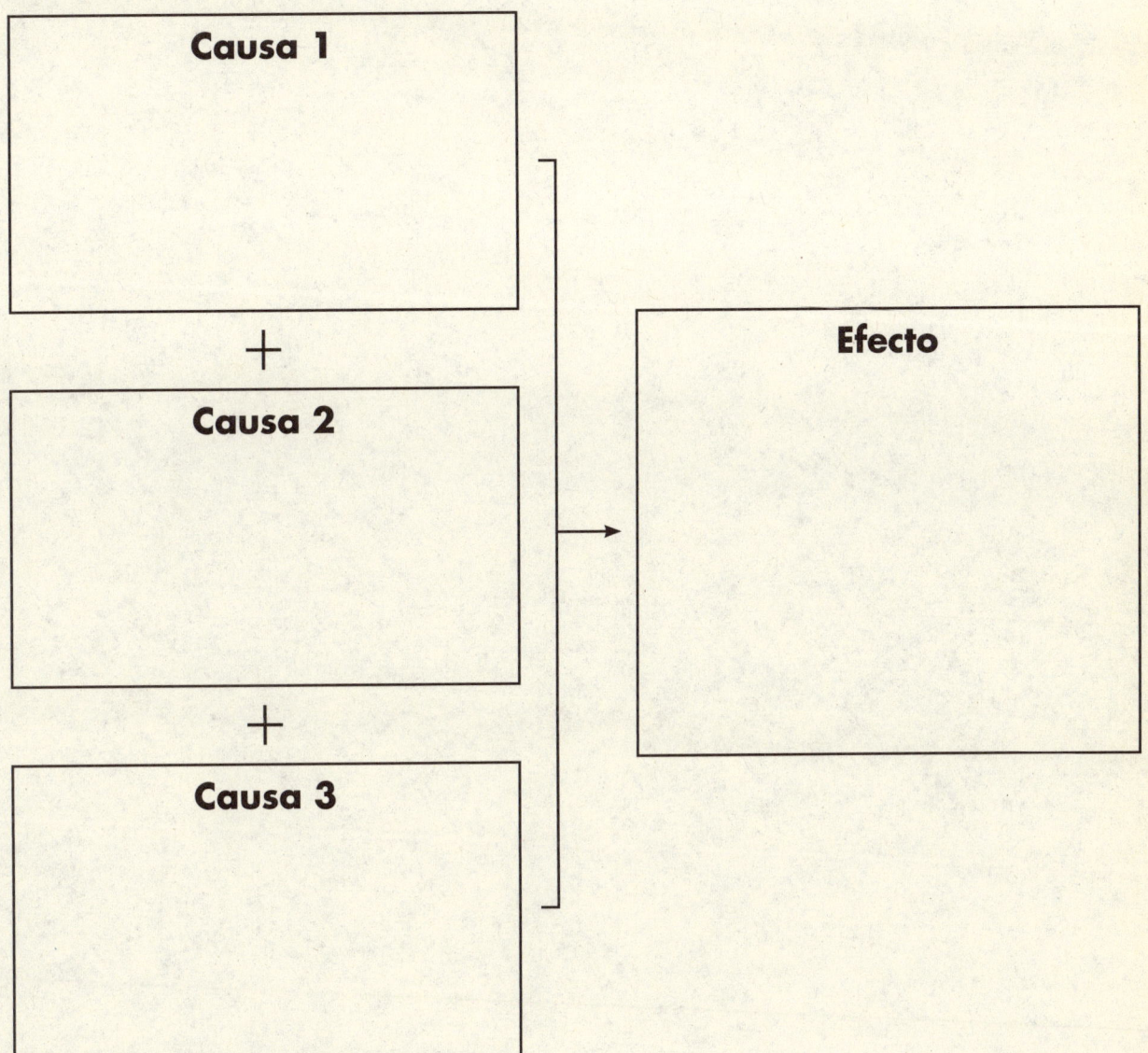

Notas para el hogar: Su niño(a) aprendió a identificar causas y efectos.
Actividad para el hogar: Con su niño(a), nombren algunas cosas que pueden cambiar de sólido a líquido con el calor. (Por ejemplo hielo, chocolate, hierro y oro).

Cuaderno de práctica

Cómo leer en Ciencias **93**

Notas

Nombre _____

Piensa, lee y aprende

Usar con las páginas 279–283.

Lección 1: ¿Cómo describimos la materia?

Antes de leer la Lección 1

Lee las siguientes afirmaciones. Marca el círculo para indicar si estás de acuerdo o en desacuerdo con cada una.

	De acuerdo	En desacuerdo
1. Toda materia es sólida o líquida.	○	○
2. Las partículas de un sólido permanecen en su lugar.	○	○
3. En un elemento, todas las partículas son del mismo tipo.	○	○

Después de leer la Lección 1

Vuelve a leer las afirmaciones anteriores. Si la lección apoya tu elección, marca el círculo *Correcto*. Luego, explica cómo apoya el texto tu elección. Si la lección no la apoya, marca el círculo *Incorrecto*. Luego explica por qué tu elección está equivocada.

	Correcto	Incorrecto
1. _____	○	○
2. _____	○	○
3. _____	○	○

Notas para el hogar: Su niño(a) completó un repaso previo y posterior de los conceptos clave de la lección.
Actividad para el hogar: Pida a su niño(a) que escoja un sólido, un líquido y un gas (aire en un globo) disponibles en casa. Demuestren juntos las propiedades de cada tipo de materia.

Cuaderno de práctica

Nombre _____

Lección 1: Repaso

Usar con las páginas 279–283.

Repasar términos: Emparejar

Empareja cada descripción con la palabra o frase correcta. Escribe la letra en la línea junto a cada descripción.

_____ 1. todo lo que ocupa espacio y tiene masa

_____ 2. una característica de la materia que puedes observar

_____ 3. empuje de las partículas de la materia

_____ 4. materia formada de un solo tipo de partículas

_____ 5. la partícula más pequeña de un elemento que tiene las propiedades de ese elemento

_____ 6. forma de ordenar los elementos según sus propiedades

a. propiedad
b. tabla periódica
c. presión
d. elemento
e. átomo
f. materia

Repasar conceptos: Completar oraciones

Completa cada oración con la palabra correcta.

_____ 7. La materia ___ no cambia de forma. (sólida, gaseosa)

_____ 8. Los ___ se expanden y ocupan todo el espacio disponible. (gases, líquido)

Escribir

Usa oraciones completas para responder la pregunta 9. (2 puntos)

9. Describe uno de los estados de la materia. Luego, da un ejemplo de algo que uses todos los días y que esté en ese estado de materia.

_____

_____

_____

Nombre _____

Piensa, lee y aprende

Usar con las páginas 284–289.

Lección 2: ¿Cómo medimos las propiedades de la materia?

Antes de leer la Lección 2

Lee las siguientes afirmaciones. Marca el círculo para indicar si estás de acuerdo o en desacuerdo con cada una.

	De acuerdo	En desacuerdo
1. La masa de un objeto es su peso.	○	○
2. El volumen se mide en litros.	○	○
3. Los objetos que se hunden son más densos que el agua.	○	○

Después de leer la Lección 2

Vuelve a leer las afirmaciones anteriores. Si la lección apoya tu elección, marca el círculo *Correcto*. Luego, explica cómo apoya el texto tu elección. Si la lección no la apoya, marca el círculo *Incorrecto*. Luego explica por qué tu elección está equivocada.

	Correcto	Incorrecto
1. _____ _____	○	○
2. _____ _____	○	○
3. _____ _____	○	○

Notas para el hogar: Su niño(a) completó un repaso previo y posterior de los conceptos clave de la lección.
Actividad para el hogar: Pida a su niño(a) que use una taza graduada para medir el volumen de agua o leche en vasos de diferentes tamaños.

Cuaderno de práctica

Nombre _____

Lección 2: Repaso

Usar con las páginas 284–289.

Repasar términos: Completar oraciones

Completa cada oración con la palabra o frase correcta.

_____ 1. La cantidad de materia de un objeto es su ____. (masa, volumen)

_____ 2. ____ de un objeto es la cantidad de espacio que ocupa. (La densidad, El volumen)

_____ 3. La ____ es la cantidad de materia que hay en cierto espacio. (masa, densidad)

_____ 4. ____ es la propiedad de flotación que tiene la materia. (La flotabilidad, El volumen)

Repasar conceptos: Verdadero o falso

Escribe **V** (verdadero) o **F** (falso) en la línea que está antes de cada oración.

_____ 5. El volumen se mide con una balanza.

_____ 6. Para comparar la densidad de dos objetos sólidos, es necesario conocer su masa y su volumen.

_____ 7. Las reglas de centímetros se usan para medir la longitud.

_____ 8. Los lentes de aumento y las lupas se usan para observar objetos muy pequeños.

Aplicar estrategias: Causa y efecto

Usa oraciones completas para responder la pregunta 9. (2 puntos)

9. ¿Qué efecto tiene poner un objeto más denso que el agua en un balde lleno de agua?

_____

_____

_____

Repaso de la lección

Nombre _____

Matemáticas en Ciencias

Usar con el Capítulo 10.

Medir y comparar propiedades

Usa las ilustraciones para responder las preguntas.

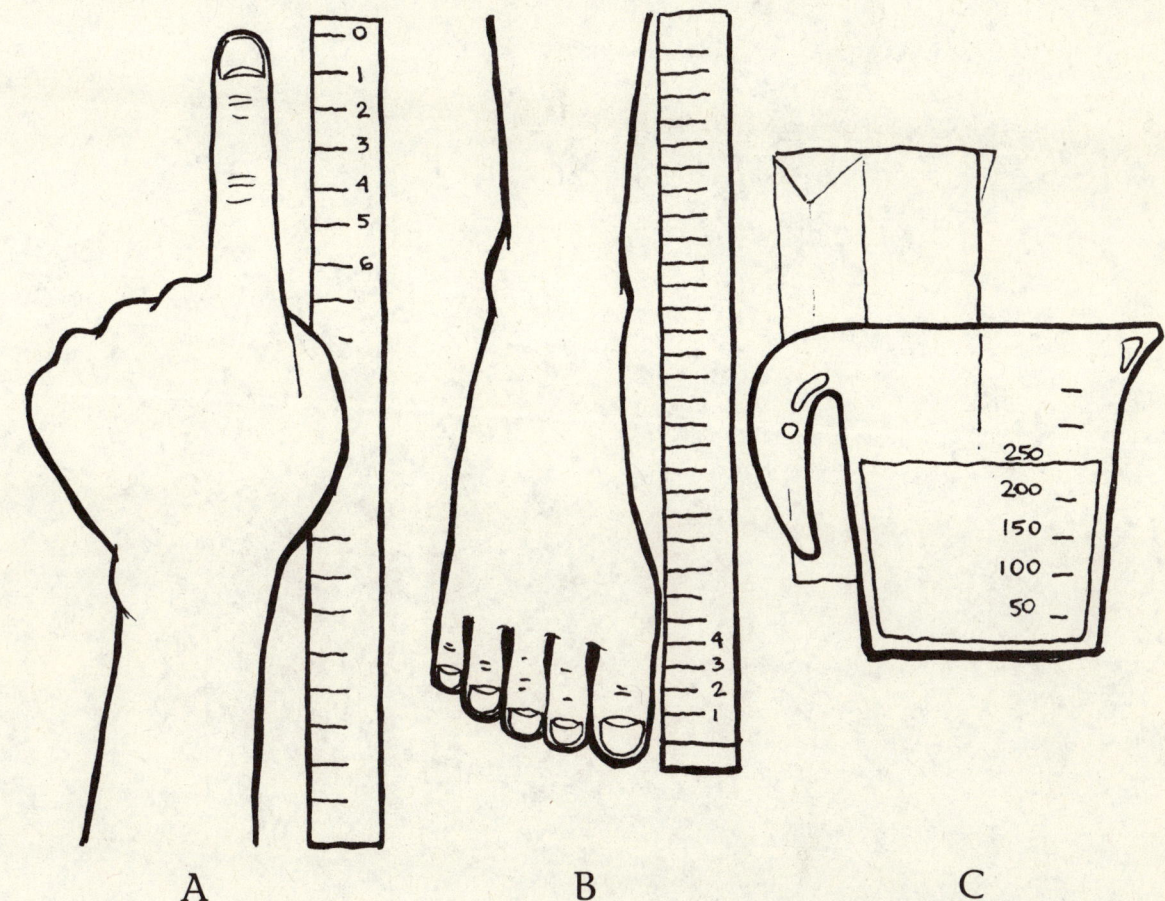

A   B   C

1. ¿Qué propiedad se está midiendo en los dibujos A y B?
   _____

2. ¿Qué tanto más largo es el dedo de la mano que el dedo del pie? _____

3. ¿Qué propiedad se está midiendo el dibujo C?
   _____

4. ¿Cómo cambiará esta propiedad si la leche se vierte en el vaso? _____

Notas para el hogar: Su niño(a) aprendió a medir longitud y volumen. También aprendió a comparar medidas.
Actividad para el hogar: Pongan agua en una taza graduada y formen una fila con vasos de diferentes tamaños. Pida a su niño(a) que prediga cuáles pueden contener toda el agua. Verifiquen su predicción.

Cuaderno de práctica   Matemáticas en Ciencias   **96**

Notas

Libro para el hogar

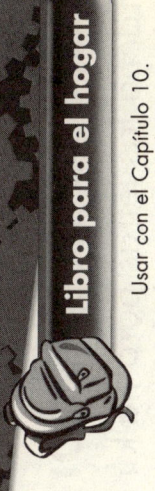

Usar con el Capítulo 10.

Querida familia:

Su niño(a) está aprendiendo sobre la **materia**—es decir, cosas que podemos ver, oler o tocar y otras que nuestros sentidos no pueden percibir directamente. En el capítulo de Ciencias "La materia y sus propiedades", nuestra clase aprendió a observar y describir la materia según algunas de sus propiedades o características. Los estudiantes también aprendieron a medir las propiedades de la materia.

A medida que los estudiantes aprenden acerca de la materia, también aprenden muchas palabras nuevas de vocabulario. Ayude a su niño(a) para que estas palabras pasen a formar parte de su propio vocabulario y úsenlas cuando hablen de la materia y sus propiedades.

> materia
> propiedad
> presión
> elemento
> átomo
> tabla periódica
> masa
> volumen
> densidad
> flotabilidad

Las páginas siguientes incluyen actividades que usted y su niño(a) pueden hacer juntos. Su participación en la educación de su niño(a) ayudará a trasladar el aprendizaje al hogar.

Actividad de Ciencias en familia

¿Flota o no flota?

Su niño(a) descubrirá qué objetos flotan o se hunden en el agua, y aprenderá acerca de la materia con este sencillo juego. Los objetos más densos que el agua se hundirán. Los objetos menos densos flotarán.

Materiales:
- taza grande graduada o tazón
- un corcho u otro objeto pequeño que flote en el agua
- cinco objetos más pequeños que la taza o el tazón
- papel y lápiz

Pasos:

1. Escojan una taza de medir grande o un tazón y llénenlo(a) con 2/3 ó 3/4 de agua.
2. Pida a su niño(a) que reúna cinco objetos para meterlos en el agua.
3. Primero, pongan el corcho u otro objeto que flote en el agua. Coméntele a su niño(a) que el corcho flota.
4. Pida a su niño(a) que describa uno de los otros objetos. ¿Es más grande o más pequeño que el corcho? ¿Se siente más pesado o más liviano?
5. Anime a su niño(a) para que dibuje una tabla: "Objetos que flotan" y "Objetos que se hunden".

Coméntenlo

Comenten que el corcho flotó porque es menos denso que el agua. ¿Qué otros objetos flotaron? ¿Por qué algunas cosas se hunden mientras que otras flotan?

¡Enredo de palabras!

Ordena las letras para hallar las palabras de vocabulario que completan cada una de las siguientes oraciones.

Palabras de vocabulario

materia	propiedad	presión elemento
átomo	tabla periódica	masa volumen
densidad	flotabilidad	

1. Un libro tiene más **ndisdade** _____ que una burbuja.

2. No hay nada más pequeño que un **motáo** _____.

3. La suavidad de la cáscara de la banana es una **edapidpro** _____ de la banana que se siente.

4. Un globo tiene **adlobfilidta** _____ porque flota en el agua.

5. Un lápiz es **ertiama** _____ que ocupa espacio y tiene masa.

Continúa el juego de la página 2.

6. El **toemenel** _____ plata es diferente que el hierro.

7. Esta taza mide el **umlenvo** _____ del jugo de tomate.

8. ¿Cuánta **asma** _____ tiene tu computadora?

9. El maestro nos mostró un ejemplo de una **labta rcaiódpei** _____.

10. Mucha **sónipre** _____ hace que una pelota se sienta dura.

Dato curioso

¿Puedes responder esta pregunta? ¿Qué pesa más: una libra de acero o una libra de plumas?

RESPUESTAS: 1. densidad, 2. átomo, 3. propiedad, 4. flotabilidad, 5. materia, 6. elemento, 7. volumen, 8. masa, 9. tabla periódica, 10. presión

98 Libro para el hogar

Cuaderno de práctica

Nombre _____

Vistazo al vocabulario

Usar con el Capítulo 11.

Escribe las palabras o términos de vocabulario donde les corresponde en el diagrama. Luego, añade ejemplos que ilustren tres de los términos o palabras.

| **cambio físico** | **mezcla** | **cambio químico** | **solución** |

Cambios de la materia

- Un _____ no convierte la materia en un nuevo tipo de materia.
  - En una _____, los trozos de materia se juntan.
    - Ejemplos: monedas, mezcla de nueces _____

- Un _____ convierte la materia en un nuevo tipo de materia.
  - Ejemplos: hornear masa para galletas, hacer queso _____
  - En una _____, un tipo de materia se disuelve en otro tipo de materia.
    - Ejemplos: agua salada, soda _____

Notas para el hogar: Su niño(a) aprendió los términos de vocabulario del Capítulo 11.
Actividad para el hogar: Con su niño(a), produzcan algunos cambios químicos y físicos con mezclas. Por ejemplo: arena y rocas, limonada, o galletas. Hablen acerca de cómo cambia cada mezcla.

Cuaderno de práctica

Vistazo al vocabulario **99**

Nombre _____

Cómo leer en Ciencias

Usar con el Capítulo 11.

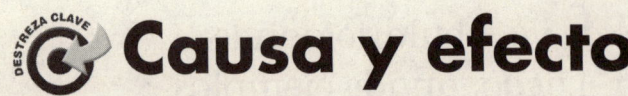
Causa y efecto

Lee el artículo científico.

Cómo se quema la madera

¿Qué le pasa a la madera cuando se quema? Libera calor, por supuesto. También pasa por un cambio químico. La madera se combina con el oxígeno y se transforma en nuevas sustancias. Parte de la madera se transforma en gases que van a la atmósfera. Gran parte de la madera se transforma en cenizas. ¡Cuando apagas una fogata en el campamento, estás observando un cambio químico!

Nombre _____

Cómo leer en Ciencias

Usar con el Capítulo 11.

¡Aplícalo!

Completa el organizador gráfico. Escribe tres causas y un efecto de la información que leíste en el artículo.

Causa	**Efectos**
	1. 2. 3.

Notas para el hogar: Su niño(a) aprendió a identificar causas y efectos.
Actividad para el hogar: Con su niño(a), preparen y enciendan con cuidado un fuego pequeño en la chimenea o quemen una varita de incienso. Observen lo que le pasa a la madera o el incienso.

Notas

Nombre _____

Piensa, lee y aprende

Usar con las páginas 303–305.

Lección 1: ¿Qué son los cambios físicos de la materia?

Antes de leer la Lección 1

Lee las siguientes afirmaciones. Marca el círculo para indicar si estás de acuerdo o en desacuerdo con cada una.

	De acuerdo	En desacuerdo
1. Un cambio físico significa que la materia cambia de apariencia.	○	○
2. No hay cambio físico cuando se derrite la materia.	○	○
3. El hielo y el agua contienen las mismas partículas.	○	○

Después de leer la Lección 1

Vuelve a leer las afirmaciones anteriores. Si la lección apoya tu elección, marca el círculo *Correcto*. Luego, explica cómo apoya el texto tu elección. Si la lección no la apoya, marca el círculo *Incorrecto*. Luego explica por qué tu elección está equivocada.

	Correcto	Incorrecto
1. _____	○	○
2. _____	○	○
3. _____	○	○

Notas para el hogar: Su niño(a) completó un repaso previo y posterior de los conceptos clave de la lección.
Actividad para el hogar: Pida a su niño(a) que le ayude a preparar la cena. Señale algunos cambios físicos, como cortar la fruta o ponerle sal a las papas.

Cuaderno de práctica

Piensa, lee y aprende **102**

Nombre _____

Lección 1: Repaso

Usar con las páginas 303–305.

Repasar términos: Unir

Une cada descripción con la frase correcta. Escribe la letra en la línea junto a cada descripción.

_____ 1. la materia cambia de apariencia sin convertirse en un nuevo tipo de materia.

_____ 2. las formas que puede tomar la materia

a. estados de la materia
b. cambio físico

Repasar conceptos: Verdadero o falso

Escribe **V** (verdadero) o **F** (falso) en la línea que está antes de cada oración.

_____ 3. Después de un cambio físico hay un nuevo tipo de materia.

_____ 4. Un cambio físico es un cambio de estado de la materia.

_____ 5. Un cambio de temperatura puede provocar un cambio de estado.

_____ 6. Las partículas del agua se mueven más cuando el agua es un sólido que cuando es un líquido.

_____ 7. El agua se convierte en un nuevo tipo de materia cuando se evapora.

_____ 8. Cuando el agua se congela, la cantidad de agua permanece igual.

Aplicar estrategias: Causa y efecto

Usa oraciones completas para responder la pregunta 9.
(2 puntos)

9. ¿Qué efecto tiene poner un cubo de hielo al calor del sol?

_____

_____

Nombre _____

Piensa, lee y aprende

Usar con las páginas 306–309.

Lección 2: ¿Cómo se puede combinar la materia?

Antes de leer la Lección 2

Lee las siguientes afirmaciones. Marca el círculo para indicar si estás de acuerdo o en desacuerdo con cada una.

	De acuerdo	En desacuerdo
1. Una mezcla está formada por dos o más tipos de materia que se juntan.	○	○
2. Una solución es un tipo de mezcla.	○	○
3. Las soluciones no se pueden separar.	○	○

Después de leer la Lección 2

Vuelve a leer las afirmaciones anteriores. Si la lección apoya tu elección, marca el círculo *Correcto*. Luego, explica cómo apoya el texto tu elección. Si la lección no la apoya, marca el círculo *Incorrecto*. Luego explica por qué tu elección está equivocada.

	Correcto	Incorrecto
1. _____	○	○
2. _____	○	○
3. _____	○	○

Notas para el hogar: Su niño(a) completó un repaso previo y posterior de los conceptos clave de la lección.
Actividad para el hogar: Con su niño(a), hagan una mezcla de arena y guijarros. Escojan un método para separar la mezcla. Repitan lo mismo con una mezcla de arena y sal.

Cuaderno de práctica

Piensa, lee y aprende **103**

Nombre _____

Lección 2: Repaso

Usar con las páginas 306–309.

Repasar términos: Completar oraciones

Completa cada oración con la frase correcta.

_____ 1. Dos o más tipos de materia que se juntan foman _____. (un gas, una mezcla)

_____ 2. _____ se forma cuando una o más sustancias se disuelven en otra. (Una solución, Un sólido)

Repasar conceptos: Completar oraciones

Completa cada oración con la palabra o frase correcta.

_____ 3. Un montón de monedas de 1 centavo, de 5 centavos y de 10 centavos forman una _____. (mezcla, solución)

_____ 4. Cuando se forma una mezcla, cada tipo de materia _____. (cambia, sigue igual)

_____ 5. Una mezcla de arena y pequeños trozos de hierro se puede separar usando un _____. (escurridor, imán)

_____ 6. La sal se puede separar de una solución de agua salada _____. (colándola, hirviéndola)

_____ 7. Disolver es un _____. (cambio de estado, cambio físico)

_____ 8. Cuando la sal se disuelve en agua, la cantidad de sal _____. (disminuye, sigue igual)

Aplicar estrategias: Calcular

9. Se forma una mezcla con 220 gramos de canicas, 52 gramos de arena y 127 gramos de hierro en trozos. ¿Cuál es la masa total de la mezcla? Muestra tu trabajo. (2 puntos)

Nombre _____

Piensa, lee y aprende

Usar con las páginas 310–312.

Lección 3: ¿Qué son los cambios químicos de la materia?

Antes de leer la Lección 3

Lee las siguientes afirmaciones. Marca el círculo para indicar si estás de acuerdo o en desacuerdo con cada una.

	De acuerdo	En desacuerdo
1. Cocinar alimentos produce cambios químicos.	○	○
2. Los cambios químicos siempre ocurren rápidamente.	○	○
3. Digerir alimentos es un cambio químico.	○	○

Después de leer la Lección 3

Vuelve a leer las afirmaciones anteriores. Si la lección apoya tu elección, marca el círculo *Correcto*. Luego, explica cómo apoya el texto tu elección. Si la lección no la apoya, marca el círculo *Incorrecto*. Luego explica por qué tu elección está equivocada.

	Correcto	Incorrecto
1. _____	○	○
2. _____	○	○
3. _____	○	○

Notas para el hogar: Su niño(a) completó un repaso previo y posterior de los conceptos clave de la lección.

Actividad para el hogar: Mientras usted y su niño(a) leen un libro de la biblioteca, enumeren los cambios químicos que ven en las ilustraciones, como por ejemplo la combustión de gasolina o cocinar alimentos.

Nombre _____

Lección 3: Repaso

Usar con las páginas 310–312.

Repasar términos: Completar oraciones

Completa la oración con la frase correcta.

_____ 1. Un ____ ocurre cuando un tipo de materia se convierte en otro tipo de materia diferente. (cambio químico, cambio físico)

Repasar conceptos: Unir

Algunos cambios de materia son cambios químicos. Pero otros cambios no lo son. Une cada cambio de materia de la columna de la izquierda con la descripción correcta en la columna de la derecha. Puedes usar cada respuesta más de una vez.

_____ 2. cocinar masa para galletas
_____ 3. tajar una rebanada de pan
_____ 4. hierro oxidado
_____ 5. hielo derretido
_____ 6. madera quemada
_____ 7. papel trozado
_____ 8. agua evaporada

a. cambio químico
b. no es un cambio químico

Escribir

Usa oraciones completas para responder la pregunta 9. (2 puntos)

9. Escribe un párrafo en el que describas un cambio químico que sea parte de tu vida diaria.

_____
_____
_____
_____
_____

Matemáticas en Ciencias

Usar con el Capítulo 11.

Las mezclas en detalle

Usa las ilustraciones para responder las preguntas.

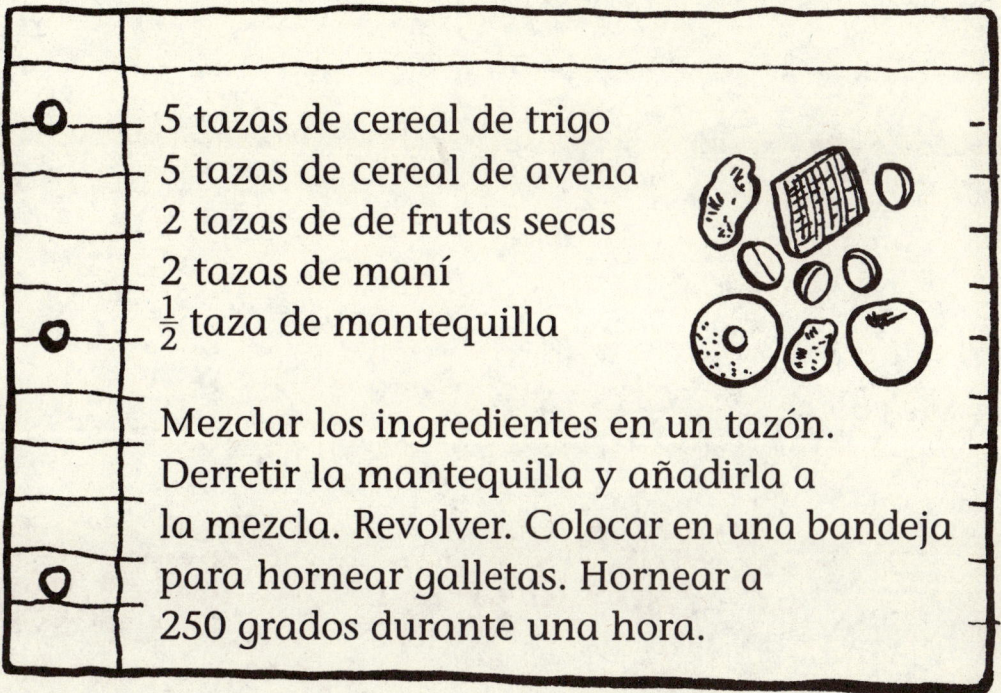

5 tazas de cereal de trigo
5 tazas de cereal de avena
2 tazas de de frutas secas
2 tazas de maní
$\frac{1}{2}$ taza de mantequilla

Mezclar los ingredientes en un tazón. Derretir la mantequilla y añadirla a la mezcla. Revolver. Colocar en una bandeja para hornear galletas. Hornear a 250 grados durante una hora.

1. ¿Cuántas tazas de ingredientes secos tiene toda la mezcla?
   _____

2. ¿Cuántas tazas más hay de cereal que de frutas y maní?
   _____

3. Duplica la cantidad de maní en la mezcla. ¿Ahora cuántas tazas más hay de frutas y maní que de cereal de trigo en la mezcla? _____

Notas para el hogar: Su niño(a) aprendió a comparar la cantidad o volumen de los ingredientes de una mezcla.
Actividad para el hogar: Ayude a su niño(a) a hacer una mezcla, como por ejemplo una ensalada de frutas. Midan las cantidades de cada parte de la mezcla.

Cuaderno de práctica

Notas

Libro para el hogar

Usar con el Capítulo 11.

Querida familia:

Su niño(a) está aprendiendo acerca de los cambios físicos y químicos de la materia. En el capítulo de Ciencias "Cambios de la materia", nuestra clase aprendió acerca de los tres estados de la materia (sólido, líquido, gaseoso), la forma en que los cambios físicos afectan a la materia y las diferentes formas en que se pueden mezclar los materiales. Los estudiantes también aprendieron sobre los cambios químicos que hacen parte de su vida diaria.

A medida que los estudiantes aprenden acerca de los cambios de la materia, también aprenden muchas palabras nuevas de vocabulario. Ayude a su niño(a) para que estas palabras pasen a formar parte de su propio vocabulario y úsenlas cuando hablen de la materia y sus cambios.

> cambio físico
> estados de la materia
> mezcla
> solución
> cambio químico

Las páginas siguientes contienen actividades que usted y su niño(a) pueden hacer juntos. Su participación en la educación de su niño(a) ayudará a trasladar el aprendizaje al hogar.

Actividad de Ciencias en familia
El experimento de la maicena

Ayúdele a su niño(a) a que aprenda sobre los cambios de la materia con un sencillo experimento de maicena y agua. Éste es un material poco común porque puede comportarse como sólido y como líquido. La maicena húmeda se comporta como un sólido al exprimirla. Pero si no la tocas, se comporta como un líquido.

Materiales:
- tazón grande para mezclas
- 1 taza de maicena
- aproximadamente 1/2 taza de agua
- cuchara
- molde para pastel

Pasos:
1. Pongan la maicena en el tazón.
2. Revuelvan LENTAMENTE a medida que añaden un poco de agua hasta que la maicena y el agua estén casi tan espesas como la pasta para panqueques. (Es mejor ponerle poca agua. Siempre le pueden añadir más si se necesita).
3. Pídale a su niño(a) que ponga las manos en la mezcla de maicena y agua. Anoten lo que ocurre.
4. Pida a su niño(a) que trate de hacer una bolita. Anoten lo que ocurre.
5. Viertan agua en el molde para pastel. Pida a su niño(a) que golpee el molde con suavidad y observe lo que ocurre.
6. Vacíen el agua del molde y viertan un poco de maicena y agua. Pida a su niño(a) que golpee el molde ligeramente y que observe lo que ocurre.

Cuaderno de práctica — Libro para el hogar **107**

Crucigrama

Completa el crucigrama con las pistas que están en la página siguiente.

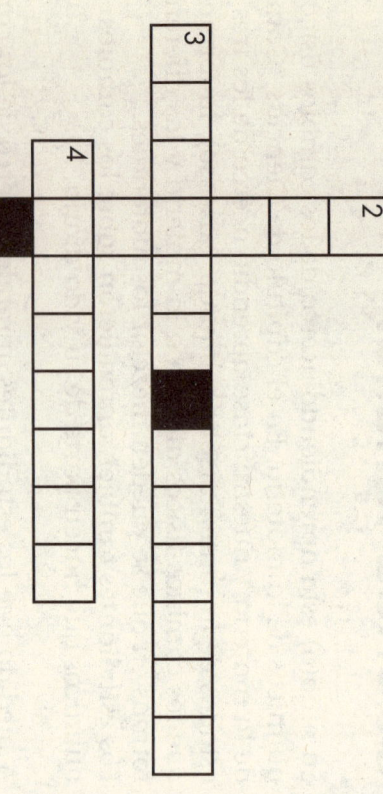

RESPUESTAS: 1. mezcla; 2. cambio de estado; 3. cambio físico; 4. solución; 5. cambio químico

© Pearson Education, Inc.

Pistas del crucigrama

Verticales

1. Así le dices al arroz y las verduras revueltas.
2. Lo que llamas líquido cuando se convierte en gas y sólido cuando se convierte en líquido.

Horizontales

3. Tipo de cambio que ocurre cuando cortas una naranja en trozos.
4. Lo que obtienes al disolver jabón en agua.
5. Lo que ocurre al convertir la masa para galletas en galletas.

Lista de palabras

cambio físico
mezcla
cambio químico
cambio de estado
solución

108 Libro para el hogar

Cuaderno de práctica

Nombre _____

Vistazo al vocabulario

Usar con el Capítulo 12.

Escribe la palabra de vocabulario que responde cada adivinanza.

posición	movimiento	posición relativa
rapidez	fuerza	gravedad
fricción	magnetismo	trabajo

1. Dice la ubicación de algo. Es específica. Todos los lugares en un mapa tienen esto. ¿Qué es? _____
2. Es una fuerza. Se opone al movimiento. Reduce la rapidez de los objetos en movimiento. ¿Qué es? _____
3. Es un empujón o jalón. Puede resultar cuando dos objetos entran en contacto. También puede ocurrir cuando un objeto no toca algo. ¿Qué es? _____
4. Ubica una cosa en relación con otras cosas. Cambia cuando cambia la dirección del movimiento. ¿Qué es?

   _____
5. Hace que los objetos se atraigan unos a otros. Es una fuerza. No requiere contacto. Aumenta a medida que aumenta la masa. ¿Qué es? _____
6. Es una fuerza sin contacto que jala ciertos tipos de metales como el hierro ¿Qué es? _____
7. Esto dice qué tan rápido cambia algo de posición. Es una tasa de cambio. Puede ser rápida o lenta. Puede ser constante o variable. ¿Qué es? _____
8. Haces esto cuando mueves algo. Las máquinas pueden ayudarte a hacer esto más fácilmente. ¿Qué es? _____
9. Esto pasa cada vez que un objeto cambia de posición. Cuando tu bicicleta rueda, esto se podría describir como "hacia adelante". Cuando la Tierra rota, se describe como "circular". ¿Qué es? _____

Notas para el hogar: Su niño(a) aprendió los términos de vocabulario del Capítulo 12.
Actividad para el hogar: Pida a su niño(a) que le explique los términos de vocabulario usando fotos, diagramas y otras gráficas del capítulo que sean pertinentes.

Cuaderno de práctica

Nombre _____

Cómo leer en Ciencias

Usar con el Capítulo 12.

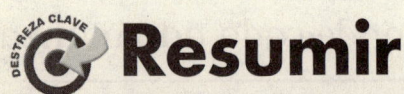
Resumir

Lee el artículo científico.

Fuerza

Algunas fuerzas pueden hacer que los objetos se muevan sin tocarlos. Por ejemplo, cuando lanzas una pelota, la fuerza de gravedad la hace caer de nuevo hacia la Tierra. La gravedad de la Luna y el Sol mueve los océanos y produce mareas altas y bajas. Los imanes también ejercen fuerza. Pueden atraer hacia sí un objeto que está a varias pulgadas o pies de distancia.

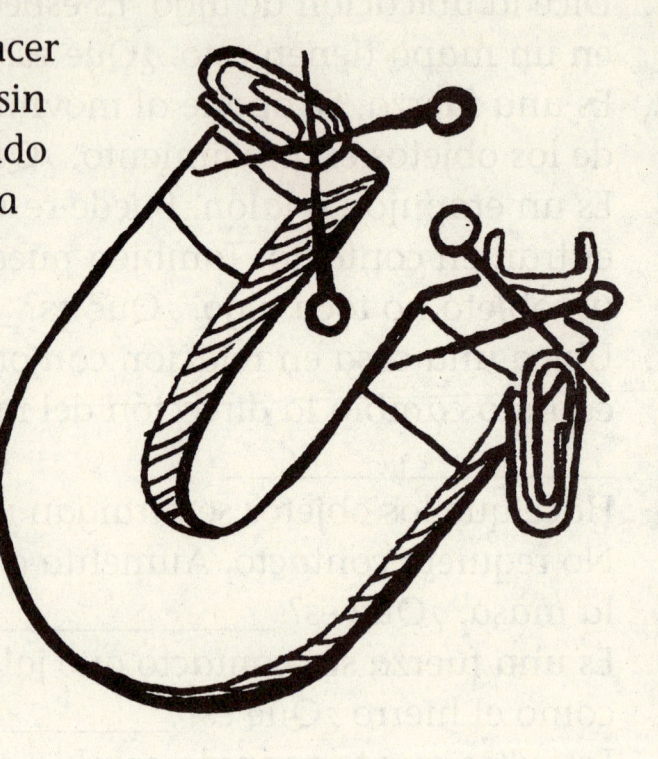

Nombre _____

Cómo leer en Ciencias

Usar con el Capítulo 12.

¡Aplícalo!

Completa el organizador gráfico. Escribe tres detalles y un resumen del artículo de la página 110.

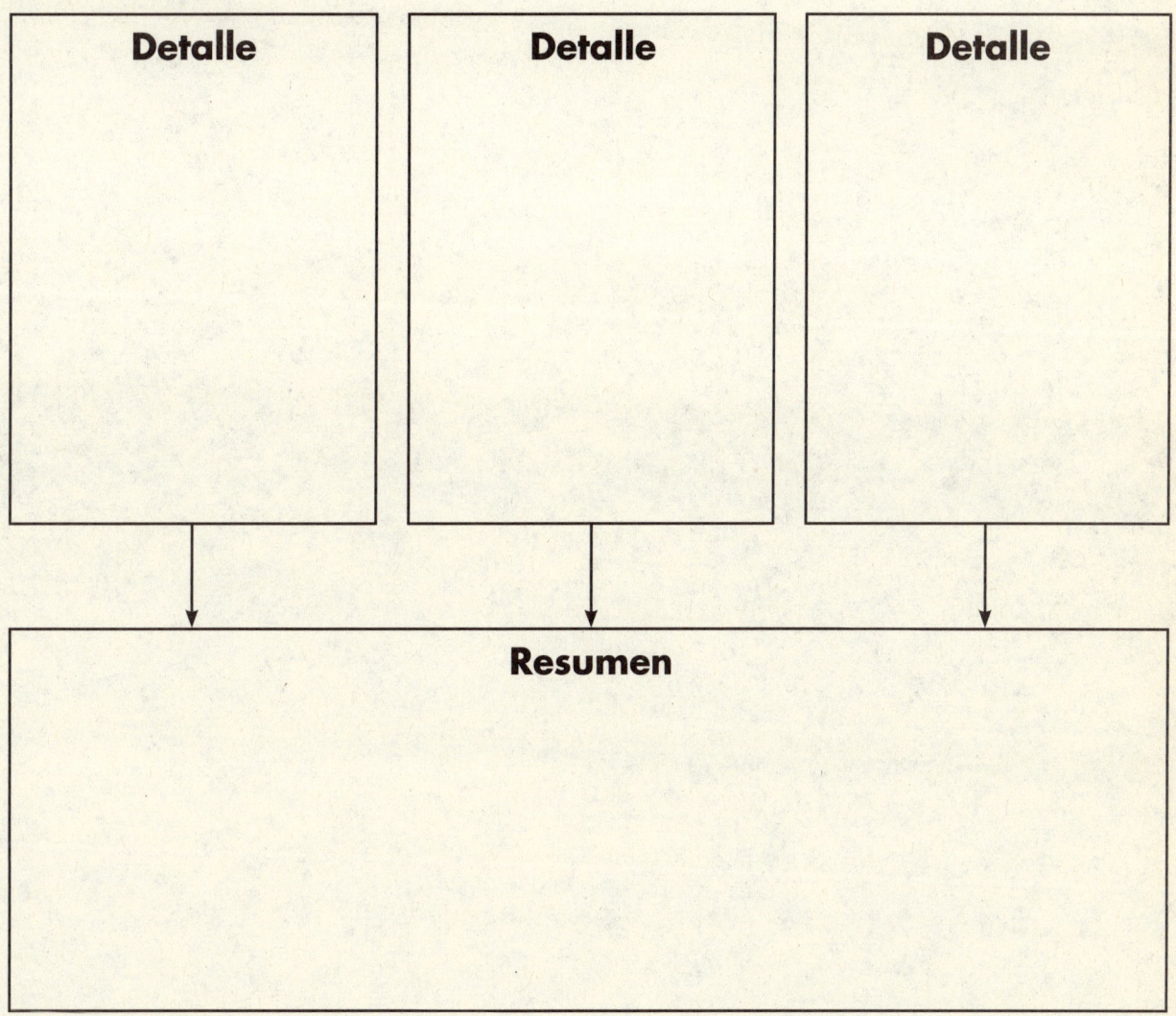

Notas para el hogar: Su niño(a) aprendió a usar detalles para hacer un resumen.
Actividad para el hogar: Con su niño(a), lean un artículo sobre algo que se mueve. Decidan cuáles son los detalles más importantes del artículo y resúmanlos.

Cuaderno de práctica — Cómo leer en Ciencias

Notas

Nombre _____

Piensa, lee y aprende

Usar con las páginas 327–331.

Lección 1: ¿Qué pasa cuando las cosas cambian de posición?

Antes de leer la Lección 1

Lee las siguientes afirmaciones. Marca el círculo para indicar si estás de acuerdo o en desacuerdo con cada una.

	De acuerdo	En desacuerdo
1. El movimiento es un cambio de posición.	○	○
2. Un objeto con rapidez variable se mueve a la misma tasa.	○	○
3. La rapidez constante siempre es alta.	○	○

Después de leer la Lección 1

Vuelve a leer las afirmaciones anteriores. Si la lección apoya tu elección, marca el círculo *Correcto*. Luego, explica cómo apoya el texto tu elección. Si la lección no la apoya, marca el círculo *Incorrecto*. Luego explica por qué tu elección está equivocada.

	Correcto	Incorrecto
1. _____	○	○
2. _____	○	○
3. _____	○	○

Notas para el hogar: Su niño(a) completó un repaso previo y posterior de los conceptos clave de la lección.
Actividad para el hogar: Pida a su niño(a) que use autos de juguete u otros objetos movibles para demostrar rapidez baja, alta, constante y variable.

Cuaderno de práctica   Piensa, lee y aprende **112**

Nombre _____

Lección 1: Repaso

Usar con las páginas 327–331.

Repasar términos: Completar oraciones

Completa cada oración con la palabra o frase correcta.

_____ 1. La ____ de un objeto compara su posición con la posición de otros objetos. (posición relativa, velocidad)

_____ 2. Un objeto que está en ____ sigue cambiando de posición. (posición relativa, movimiento)

_____ 3. La ubicación de un objeto es su ____. (posición, velocidad)

_____ 4. ____ es la tasa a la cual un objeto cambia de posición. (El movimiento, La rapidez)

Repasar conceptos: Verdadero o falso

Escribe **V** (verdadero) o **F** (falso) en la línea que está antes de cada oración.

_____ 5. Un mapa es el dibujo de un lugar que muestra la posición de las cosas.

_____ 6. Palabras como *adelante*, *izquierda* y *derecha* describen la posición de un objeto.

_____ 7. Todos los objetos se mueven a con la misma rapidez.

_____ 8. La rapidez constante es aquella que siempre está cambiando.

Aplicar estrategias: Calcular

9. Si una familia recorrió en bicicleta 18 kilómetros en 3 horas, ¿cuál fue su rapidez promedio en kilómetros por hora? Muestra tu trabajo. (2 puntos)

112A Repaso de la lección   Cuaderno de práctica

Nombre _____

Piensa, lee y aprende

Usar con las páginas 332–337.

Lección 2: ¿Cómo influye la fuerza en el movimiento?

Antes de leer la Lección 2

Lee las siguientes afirmaciones. Marca el círculo para indicar si estás de acuerdo o en desacuerdo con cada una.

	De acuerdo	En desacuerdo
1. Tú tienes peso debido a la gravedad.	○	○
2. La fricción siempre ayuda a que los objetos se muevan más rápido.	○	○
3. A menudo, el movimiento es el resultado de muchas fuerzas.	○	○

Después de leer la Lección 2

Vuelve a leer las afirmaciones anteriores. Si la lección apoya tu elección, marca el círculo *Correcto*. Luego, explica cómo apoya el texto tu elección. Si la lección no la apoya, marca el círculo *Incorrecto*. Luego explica por qué tu elección está equivocada.

	Correcto	Incorrecto
1. _____ _____	○	○
2. _____ _____	○	○
3. _____ _____	○	○

Notas para el hogar: Su niño(a) completó un repaso previo y posterior de los conceptos clave de la lección.
Actividad para el hogar: Pida a su niño(a) que empuje un carro de juguete u otro objeto con ruedas sobre un piso de madera o de baldosas, y luego en un piso alfombrado. Hablen acerca de qué superficie produjo más fricción.

Cuaderno de práctica
Piensa, lee y aprende

Nombre _____

Lección 2: Repaso

Usar con las páginas 332–337.

Repasar términos: Unir

Une cada descripción con la palabra correcta. Escribe la letra en la línea junto a cada descripción.

_____ 1. todo empujón o jalón

_____ 2. fuerza de contacto que dificulta el movimiento

_____ 3. fuerza sin contacto que hace que los objetos se atraigan unos a otros

_____ 4. fuerza sin contacto que atrae los metales como el hierro

a. magnetismo
b. fuerza
c. gravedad
d. fricción

Repasar conceptos: Verdadero o falso

Escribe **V** (verdadero) o **F** (falso) en la línea que está antes de cada oración.

_____ 5. Las fuerzas pueden cambiar el movimiento de un objeto.

_____ 6. La fricción puede hacer que un objeto en movimiento reduzca su rapidez o se detenga.

_____ 7. Fuerzas iguales en direcciones opuestas cambian el movimiento de un objeto.

_____ 8. Peso es la fuerza con que la gravedad atrae a un objeto.

Aplicar estrategias: Resumir

Usa oraciones completas para responder la pregunta 9. (2 puntos)

9. Escribe una oración en la que resumas cómo las fuerzas influyen en el movimiento.

_____

_____

_____

113A Repaso de la lección

Cuaderno de práctica

Nombre _____

Piensa, lee y aprende

Usar con las páginas 338–343.

Lección 3: ¿Cómo influyen las máquinas simples en el trabajo?

Antes de leer la Lección 3

Lee las siguientes afirmaciones. Marca el círculo para indicar si estás de acuerdo o en desacuerdo con cada una.

	De acuerdo	En desacuerdo
1. Subir una montaña es trabajo.	○	○
2. Las cuñas se usan para partir o cortar cosas.	○	○
3. Las palancas se apoyan en un soporte.	○	○

Después de leer la Lección 3

Vuelve a leer las afirmaciones anteriores. Si la lección apoya tu elección, marca el círculo *Correcto*. Luego, explica cómo apoya el texto tu elección. Si la lección no la apoya, marca el círculo *Incorrecto*. Luego explica por qué tu elección está equivocada.

	Correcto	Incorrecto
1. _____	○	○
2. _____	○	○
3. _____	○	○

Notas para el hogar: Su niño(a) completó un repaso previo y posterior de los conceptos clave de la lección.
Actividad para el hogar: Ayude a su niño(a) a identificar un ejemplo de cada tipo de máquina simple entre sus juguetes o entre los objetos domésticos.

Cuaderno de práctica

Piensa, lee y aprende **114**

Nombre _____

Lección 3: Repaso

Usar con las páginas 338–343.

Repasar términos: Completar oraciones

Completa la oración con la frase correcta.

_____ 1. Se produce ___ cuando una fuerza mueve un objeto. (trabajo, distancia)

Repasar conceptos: Completar oraciones

Completa cada oración con la palabra o frase correcta.

_____ 2. Las máquinas ___ la cantidad de trabajo que se necesita para hacer una tarea. (cambian, no cambian)

_____ 3. Una rampa es un ejemplo de ___. (polea, plano inclinado)

_____ 4. Un cuchillo es un ejemplo de ___. (cuña, tornillo)

_____ 5. Un(a) ___ es un plano inclinado que rodea a un poste central. (tornillo, cuña)

_____ 6. Un balancín es un tipo de ___. (polea, palanca)

_____ 7. Una perilla es un ___ que permite abrir las puertas más fácilmente. (eje y rueda, plano inclinado)

_____ 8. Se puede usar una ___ para cambiar la dirección de una fuerza. (polea, cuña)

Escribir

Usa oraciones completas para responder la pregunta 9. (2 puntos)

9. Escribe un párrafo sobre alguna vez que hayas usado una máquina simple para facilitar el trabajo.

_____

_____

Repaso de la lección

Cuaderno de práctica

Nombre _____

Matemáticas en Ciencias

Usar con el Capítulo 12.

Relacionar rapidez, distancia y tiempo

Usa la fórmula para solucionar los siguientes problemas.

$$\text{Distancia} = \text{Tiempo} \times \text{Rapidez}$$

$$\text{Tiempo} = \frac{\text{Distancia}}{\text{Rapidez}}$$

$$\text{Rapidez} = \frac{\text{Distancia}}{\text{Tiempo}}$$

1. Dennis y Anita montan en bicicleta a una rapidez promedio de 8 km por hora. ¿Cuánto tiempo se demorarán en llegar a las cataratas de las Plumas? _____

2. También fueron hasta el almacén general y regresaron. Se demoraron dos horas. ¿A qué rapidez viajaron?

   _____

3. Si Dennis y Anita van y regresan a los tres lugares, uno por uno, y se demoran 4 horas, ¿cuál sería su rapidez promedio?

   _____

 **Notas para el hogar:** Su niño(a) aprendió a calcular rapidez, distancia y tiempo.
Actividad para el hogar: Con su niño(a), caminen, manejen o vayan en bicicleta hasta un lugar cuya distancia conozcan. Marquen el tiempo que se demoran. Luego, calculen su rapidez promedio.

Cuaderno de práctica   Matemáticas en Ciencias

Notas

Libro para el hogar

Usar con el Capítulo 12.

Querida familia:

Su niño(a) está aprendiendo sobre fuerzas y movimiento. En el capítulo de Ciencias "Fuerza y movimiento", nuestra clase aprendió diferentes formas de describir posición y movimiento. También investigamos cómo la fuerza afecta el movimiento de los objetos. Los estudiantes también aprendieron acerca de máquinas simples y cómo nos facilitan el trabajo.

Los estudiantes aprendieron muchas palabras nuevas de vocabulario. Ayude a su niño(a) para que estas palabras pasen a formar parte de su propio vocabulario y úsenlas cuando hablen de fuerza, movimiento y trabajo.

> posición
> movimiento
> posición relativa
> rapidez
> fuerza
> fricción
> gravedad
> magnetismo
> trabajo

Las páginas siguientes contienen actividades que usted y su niño(a) pueden hacer juntos. Su participación en la educación de su niño(a) ayudará a trasladar el aprendizaje al hogar.

© Pearson Education, Inc.

Actividad de Ciencias en familia
Tobogán de velocidad

Ayude a su niño(a) a observar la fuerza y el movimiento de diferentes objetos que bajan por un tobogán.

Materiales:
- tobogán
- 2 pelotas; una pelota debe ser bastante más pesada que la otra
- papel y lápiz

Pasos:

1. Antes de salir, ayude a su niño(a) a escoger dos pelotas. Pídale que compare su tamaño y peso.
2. Vayan al parque o a un jardín de juegos con tobogán. Pida a su niño(a) que se suba al tobogán y que coloque las pelotas una junto a la otra.
3. Dígale que deje rodar las dos pelotas. ¿Cuál se mueve más rápido? ¿Por qué? Pídale que anote los resultados. Repitan el experimento.
4. Pídale a su niño(a) que dibuje el experimento y que escriba algunas oraciones explicando lo que ocurrió.

Cuaderno de práctica

Práctica de vocabulario

Lean el cuento y subrayen las palabras de vocabulario que encuentren.

—Mira cómo trabajo. Mi cuerpo será la fuerza para mover esta roca con rapidez colina abajo —dijo José.
—¿Acaso puedes cambiar la posición de la roca con tu cuerpo? —preguntó Ana.
—Por supuesto —repuso José presumido.
—La gravedad también puede jalar una roca colina abajo —añadió Ana. —Y el magnetismo también puede cambiar la posición de una roca.
Ana puso el imán junto a una roca y la roca giró hacia la derecha.
—¡Vaya! —exclamó José.
Ana sonrió y dijo: —Ahora, veamos cómo mueves esa enorme roca tú solito.

Encuentra el trabajo

Trabajo es cuando usas una fuerza para mover un objeto. **Mira** las siguientes ilustraciones. **Encierra** en un círculo las ilustraciones que muestran trabajo.

1.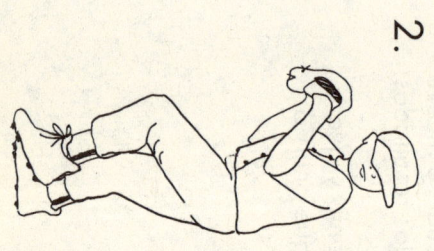

2.

3.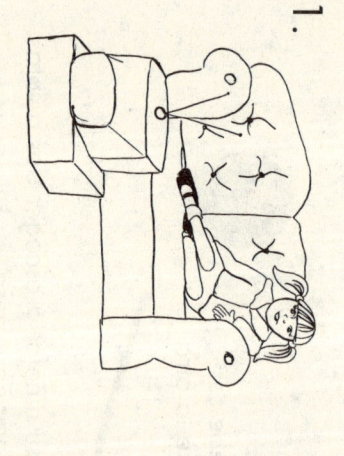

4.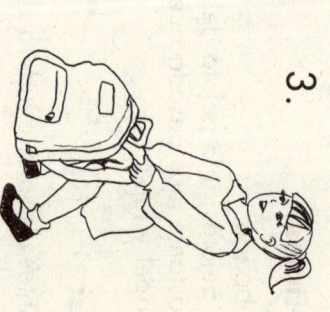

Nombre _____

Vistazo al vocabulario

Usar con el Capítulo 13.

Escribe las palabras en los espacios en blanco.

energía potencial	energía cinética	energía térmica
reflejar	refractar	absorber
carga eléctrica	corriente eléctrica	circuito eléctrico

A. Tipos de energía

| _____ _____ (almacenada) | _____ _____ (objetos en movimiento) | _____ _____ (produce calor) | Energía química | Energía eléctrica | Energía lumínica |

B. Energía lumínica: Viaja en línea recta hasta que se topa con un objeto.

La luz puede _____ o rebotar.   Puede _____ o desviarse.   Puede _____ o captarse.

C. Electricidad

Las partículas de materia tienen _____.

La _____ hace que se encienda una bombilla.

La electricidad fluye por un _____.

Notas para el hogar: Su niño(a) aprendió los términos de vocabulario del Capítulo 13.
Actividad para el hogar: Pida a su niño(a) que le explique los términos de vocabulario usando los diagramas e ilustraciones del texto.

Cuaderno de práctica   Vistazo al vocabulario

Nombre _____

Cómo leer en Ciencias

Usar con el Capítulo 13.

Idea principal y detalles de apoyo

Lee el artículo científico.

Energía en movimiento

La energía siempre está en movimiento. Mira a tu alrededor y verás muchos ejemplos. Una bicicleta que corre colina abajo transporta energía. La energía pasa por los alambres como corriente eléctrica. La energía térmica pasa de un objeto caliente a un objeto frío.

¡Aplícalo!

Escribe la idea principal del artículo científico en el cuadro de la página siguiente. Luego, escribe en los círculos los detalles que apoyan la idea principal.

Nombre _____

Cómo leer en Ciencias

Usar con el Capítulo 13.

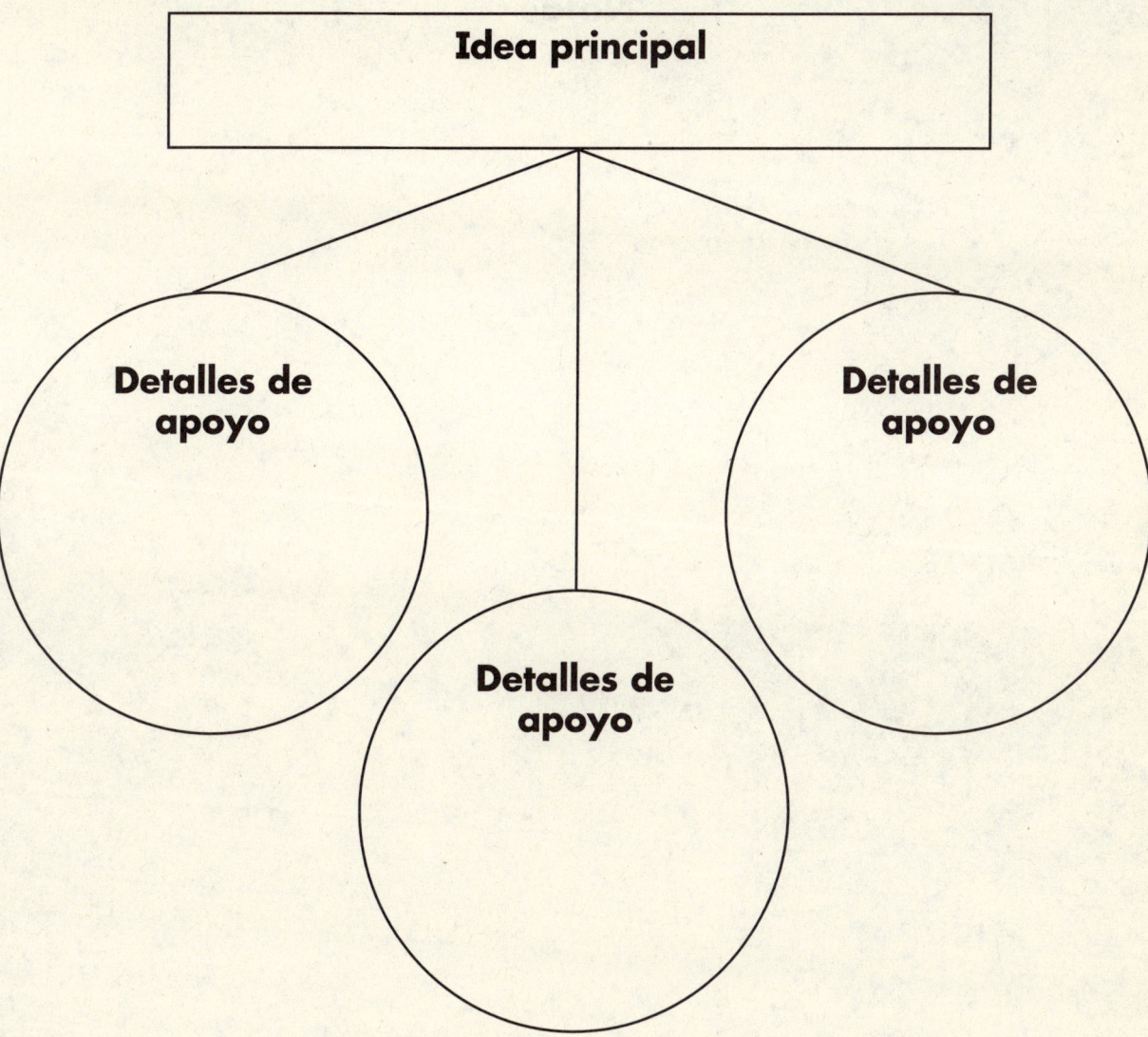

Notas para el hogar: Su niño(a) aprendió a identificar ideas principales y detalles de apoyo.
Actividad para el hogar: Con su niño(a), busquen y lean un artículo de revista. Pida a su niño(a) que identifique la idea principal de un párrafo y que señale los detalles de apoyo.

Cuaderno de práctica

Notas

Nombre _____

Piensa, lee y aprende

Usar con las páginas 359–361.

Lección 1: ¿Qué es la energía?

Antes de leer la Lección 1

Lee las siguientes afirmaciones. Marca el círculo para indicar si estás de acuerdo o en desacuerdo con cada una.

	De acuerdo	En desacuerdo
1. El Sol nos proporciona energía térmica y lumínica.	○	○
2. Un montón de carbón tiene energía potencial.	○	○
3. Un auto en el garaje tiene energía cinética.	○	○

Después de leer la Lección 1

Vuelve a leer las afirmaciones anteriores. Si la lección apoya tu elección, marca el círculo *Correcto*. Luego, explica cómo apoya el texto tu elección. Si la lección no la apoya, marca el círculo *Incorrecto*. Luego explica por qué tu elección está equivocada.

	Correcto	Incorrecto
1. _____	○	○
2. _____	○	○
3. _____	○	○

Notas para el hogar: Su niño(a) completó un repaso previo y posterior de los conceptos clave de la lección.
Actividad para el hogar: Pida a su niño(a) que lo ayude a preparar un refrigerio. Hablen de las formas de energía potencial y cinética que hay en esa actividad. Comenten la forma en que su cuerpo usa energía.

Cuaderno de práctica

Nombre _____

Lección 1: Repaso

Usar con las páginas 359–361.

Repasar términos: Unir

Une cada descripción con la frase correcta. Escribe la letra en la línea junto a cada descripción.

_____ 1. energía almacenada

_____ 2. energía del movimiento

a. energía potencial

b. energía cinética

Repasar conceptos: Verdadero o falso

Escribe V (verdadero) o F (falso) en la línea que está antes de cada oración.

_____ 3. La energía puede cambiar de forma.

_____ 4. La energía es la capacidad de hacer trabajo o causar cambios.

_____ 5. Sólo hay una forma de energía.

_____ 6. Los combustibles almacenan energía cinética.

_____ 7. La energía química se puede almacenar en las pilas.

_____ 8. La energía potencial se puede transformar en energía cinética.

Escribir

Usa oraciones completas para responder la pregunta 9. (2 puntos)

9. Describe un ejemplo de energía potencial y un ejemplo de energía cinética que conozcas.

_____

_____

_____

_____

Nombre _____

Piensa, lee y aprende

Usar con las páginas 362–365.

Lección 2: ¿Cómo cambia de forma la energía?

Antes de leer la Lección 2

Lee las siguientes afirmaciones. Marca el círculo para indicar si estás de acuerdo o en desacuerdo con cada una.

	De acuerdo	En desacuerdo
1. Las zanahorias tienen energía química.	○	○
2. Las cargas eléctricas liberan calor.	○	○
3. A menudo la energía es útil cuando está cambiando de forma.	○	○

Después de leer la Lección 2

Vuelve a leer las afirmaciones anteriores. Si la lección apoya tu elección, marca el círculo *Correcto*. Luego, explica cómo apoya el texto tu elección. Si la lección no la apoya, marca el círculo *Incorrecto*. Luego explica por qué tu elección está equivocada.

	Correcto	Incorrecto
1. _____	○	○
2. _____	○	○
3. _____	○	○

Notas para el hogar: Su niño(a) completó un repaso previo y posterior de los conceptos clave de la lección.
Actividad para el hogar: Con su niño(a), formen ondas usando un resorte de espirales. Identifiquen el valle y la cresta. Fíjense cómo cambian las ondas a medida que les van añadiendo más energía cuando mueven las manos.

Cuaderno de práctica

Nombre _____

Lección 2: Repaso

Usar con las páginas 362–365.

Repasar conceptos: Completar oraciones
Completa cada oración con la palabra correcta.

_____ 1. Tu cuerpo usa la energía ____ de los alimentos. (eléctrica, química)

_____ 2. Cuando la energía cambia de forma, una parte siempre se libera como ____. (calor, luz)

_____ 3. La energía de los objetos en movimiento se llama energía ____. (térmica, mecánica)

_____ 4. Los aparatos domésticos funcionan con energía ____. (eléctrica, lumínica)

_____ 5. Las plantas usan la energía ____ del Sol para producir alimento. (química, lumínica)

_____ 6. Las ondas transportan ____. (agua, energía)

_____ 7. A mayor distancia de su fuente, las ondas ____ energía. (ganan, pierden)

_____ 8. Las ondas ____ tienen mucha energía. (largas, cortas)

Escribir
Usa oraciones completas para responder la pregunta 9. (2 puntos)

9. Escribe un párrafo en el que describas la transformación de una forma de energía en otra.

_____
_____
_____

123A Repaso de la lección   Cuaderno de práctica

Nombre _____

Piensa, lee y aprende

Usar con las páginas 366–369.

Lección 3: ¿Qué es la energía calorífica?

Antes de leer la Lección 3

Lee las siguientes afirmaciones. Marca el círculo para indicar si estás de acuerdo o en desacuerdo con cada una.

	De acuerdo	En desacuerdo
1. La energía térmica proviene de las partículas en movimiento.	○	○
2. El calor viaja de la materia fría a la más caliente.	○	○
3. El calor puede cambiar el estado de la materia.	○	○

Después de leer la Lección 3

Vuelve a leer las afirmaciones anteriores. Si la lección apoya tu elección, marca el círculo *Correcto*. Luego, explica cómo apoya el texto tu elección. Si la lección no la apoya, marca el círculo *Incorrecto*. Luego explica por qué tu elección está equivocada.

	Correcto	Incorrecto
1. _____	○	○
2. _____	○	○
3. _____	○	○

Notas para el hogar: Su niño(a) completó un repaso previo y posterior de los conceptos clave de la lección.
Actividad para el hogar: Con su niño(a), hagan unos helados de jugo en un molde de hielo. Piensen por qué el jugo perdió el calor en el congelador y qué produjo esa pérdida.

Nombre _____

Lección 3: Repaso

Usar con las páginas 366–369.

Repasar términos: Completar oraciones

Completa la oración con la frase correcta.

_____ 1. La energía de las partículas en movimiento es ____. (energía térmica, energía eléctrica)

Repasar conceptos: Verdadero o falso

Escribe **V** (verdadero) o **F** (falso) en la línea que está antes de cada oración.

_____ 2. La energía térmica viaja en forma de calor.

_____ 3. El calor pasa de los objetos fríos a los objetos calientes.

_____ 4. Cuando la energía cambia de forma, se libera un poco de calor.

_____ 5. El cambio de hielo a agua líquida se relaciona con el cambio de energía.

_____ 6. La fricción que se produce con la frotación libera calor.

_____ 7. El calor hace que el agua se evapore.

_____ 8. El agua líquida hierve a medida que se convierte en hielo.

Aplicar estrategias: Calcular

9. En la escala Fahrenheit, el agua hierve a 212 grados y se congela a 32 grados. Calcula la diferencia entre estas dos temperaturas. Muestra tu trabajo. (2 puntos)

Nombre _____

Piensa, lee y aprende

Usar con las páginas 370–373.

Lección 4: ¿Qué es la energía lumínica?

Antes de leer la Lección 4

Lee las siguientes afirmaciones. Marca el círculo para indicar si estás de acuerdo o en desacuerdo con cada una.

	De acuerdo	En desacuerdo
1. Sólo el Sol y los cambios químicos producen luz.	○	○
2. La luz reflejada rebota en las superficies lisas.	○	○
3. El color resulta de la luz refractada.	○	○

Después de leer la Lección 4

Vuelve a leer las afirmaciones anteriores. Si la lección apoya tu elección, marca el círculo *Correcto*. Luego, explica cómo apoya el texto tu elección. Si la lección no la apoya, marca el círculo *Incorrecto.* Luego explica por qué tu elección está equivocada.

	Correcto	Incorrecto
1. _____ _____	○	○
2. _____ _____	○	○
3. _____ _____	○	○

© Pearson Education, Inc.

Notas para el hogar: Su niño(a) completó un repaso previo y posterior de los conceptos clave de la lección.
Actividad para el hogar: Con su niño(a), pongan al sol una prenda de ropa negra y una blanca. Comenten por qué la ropa negra absorbe más calor que la ropa blanca.

Cuaderno de práctica

Piensa, lee y aprende **125**

Nombre _____

Lección 4: Repaso

Usar con las páginas 370–373.

Repasar términos: Unir

Une cada descripción con la palabra correcta. Escribe la letra en la línea junto a cada descripción.

_____ 1. luz que rebota de un objeto
_____ 2. luz que se desvía
_____ 3. luz retenida por un objeto

a. absorber
b. reflejar
c. refractar

Repasar conceptos: Completar oraciones

Completa cada oración con la palabra o frase correcta.

_____ 4. ____ es energía que se puede ver. (La luz, El calor)

_____ 5. Las bombillas usan ____ para producir luz. (energía eléctrica, energía química)

_____ 6. La luz viaja desde su fuente en ____. (línea recta, línea curva)

_____ 7. La longitud de una sombra depende del ____ de la luz. (brillo, ángulo)

_____ 8. La luz está formada por ____ color(es). (un, varios)

Aplicar estrategias: Idea principal y detalles de apoyo

Usa oraciones completas para responder la pregunta 9. (2 puntos)

9. Enumera tres detalles que apoyen la siguiente idea principal.

   Idea principal: Los objetos pueden reflejar, refractar o absorber luz.

   Detalle: _____

   Detalle: _____

   Detalle: _____

   _____

125A Repaso de la lección

Cuaderno de práctica

Nombre _____

Piensa, lee y aprende

Usar con las páginas 374–377.

Lección 5: ¿Qué es la energía eléctrica?

Antes de leer la Lección 5

Lee las siguientes afirmaciones. Marca el círculo para indicar si estás de acuerdo o en desacuerdo con cada una.

	De acuerdo	En desacuerdo
1. Un rayo es un tipo de circuito eléctrico.	○	○
2. La energía eléctrica se puede transformar en energía acústica.	○	○
3. Un interruptor abierto interrumpe un circuito eléctrico.	○	○

Después de leer la Lección 5

Vuelve a leer las afirmaciones anteriores. Si la lección apoya tu elección, marca el círculo *Correcto.* Luego, explica cómo apoya el texto tu elección. Si la lección no la apoya, marca el círculo *Incorrecto.* Luego explica por qué tu elección está equivocada.

	Correcto	Incorrecto
1. _____	○	○
2. _____	○	○
3. _____	○	○

Notas para el hogar: Su niño(a) completó un repaso previo y posterior de los conceptos clave de la lección.
Actividad para el hogar: Con su niño(a), nombren los aparatos domésticos que funcionan con electricidad. Hagan una tabla y organícenlos según lo que producen: luz, calor o sonido.

Cuaderno de práctica　　　　　　　　　Piensa, lee y aprende

Nombre _____

Lección 5: Repaso

Usar con las páginas 374–377.

Repasar términos: Unir

Une cada descripción con la frase correcta. Escribe la letra en la línea junto a cada descripción.

____ 1. pequeña cantidad de energía que puede ser positiva o negativa

____ 2. movimiento de la energía eléctrica o de una carga eléctrica

____ 3. el camino por el que fluye la corriente eléctrica

a. circuito eléctrico
b. carga eléctrica
c. corriente eléctrica

Repasar conceptos: Verdadero o falso

Escribe **V** (verdadero) o **F** (falso) en la línea que está antes de cada oración.

____ 4. Las partículas están en equilibrio cuando tienen la misma cantidad de cargas positivas y negativas.

____ 5. Dos objetos con cargas negativas se atraen.

____ 6. El rayo es una corriente eléctrica descontrolada.

____ 7. Cuando el interruptor de un circuito eléctrico está abierto, la corriente puede fluir.

____ 8. La energía eléctrica se transforma en energía acústica en el altavoz de una radio.

Aplicar estrategias: Comparar y contrastar

Usa oraciones completas para responder la pregunta 9. (2 puntos)

9. Describe una semejanza y una diferencia entre la electricidad de un rayo y la electricidad de un circuito eléctrico.

_____
_____
_____
_____

126A Repaso de la lección

Nombre _____

Matemáticas en Ciencias

Usar con el Capítulo 13.

Medir temperatura

Mickie usó este termómetro para medir la temperatura del agua del grifo y el agua de la bañera.

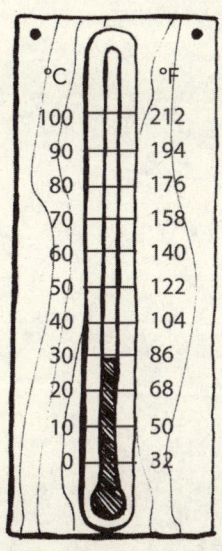

Usa el termómetro para responder las preguntas. Utiliza una regla que te ayude a comparar grados Celsius y grados Fahrenheit.

1. Mickie descubrió que la temperatura del agua de la bañera era de 120 °F. ¿Aproximadamente cuántos grados Celsius son?

   _____

2. La temperatura del agua del grifo era casi 18 °C. ¿Cuál de las siguientes temperaturas en grados Fahrenheit se acerca más a 18 °C? _____

   A. 30 °F   B. 45 °F   C. 60 °F   D. 75 °F

3. Mickie se tomó la temperatura. Tenía 37 °C. En grados Fahrenheit, la temperatura normal del cuerpo es 98.6. ¿Tenía fiebre? ¿Cómo lo sabes? _____

   _____

Notas para el hogar: Su niño(a) midió la temperatura en grados Fahrenheit y grados Celsius.
Actividad para el hogar: Ayude a su niño(a) a tomarse la temperatura en grados Fahrenheit y luego a convertirla en grados Celsius. (Usen la fórmula $F = (C \times 9/5) + 32$ para verificar la estimación).

Cuaderno de práctica   Matemáticas en Ciencias **127**

Notas

Libro para el hogar

Usar con el Capítulo 13.

Querida familia:

Su niño(a) está aprendiendo acerca de las diferentes formas de energía que usamos a diario: desde la energía química almacenada en alimentos y combustibles, hasta la energía cinética de un objeto en movimiento. En el capítulo de Ciencias "Energía", también exploramos la energía eléctrica, la energía lumínica y la energía térmica. Su niño(a) estudió cómo puede cambiar la energía de forma. Por ejemplo, un secador de pelo transforma la electricidad en energía calorífica, acústica y cinética.

Su niño(a) también aprendió muchas palabras nuevas de vocabulario en este capítulo. Ayude a su niño(a) para que estas palabras pasen a formar parte de su propio vocabulario y úsenlas al hablar de la energía.

> energía potencial
> energía cinética
> energía térmica
> reflejar
> refractar
> absorber
> carga eléctrica
> corriente eléctrica
> circuito eléctrico

Las páginas siguientes contienen actividades que usted y su niño(a) pueden hacer juntos. Su participación en la educación de su niño(a) ayudará a trasladar el aprendizaje al hogar.

© Pearson Education, Inc.

Actividad de Ciencias en familia
Observar la energía

Usen esta tabla para adelantar una investigación sobre la energía que consume la familia. Escriban un ejemplo de las cinco formas de energía que usan diariamente. La energía es parte de todos nuestros movimientos y naturalmente es imposible incluir todos los ejemplos. Escojan algunos ejemplos interesantes y hablen acerca de cómo se usó la energía en sus actividades.

Química	Cinética	Eléctrica	Lumínica	Térmica

Coméntenlo

¿Qué forma de energía es la que más usan a diario? ¿Por qué? ¿Cómo sería su vida sin electricidad? Hagan una lista de hábitos y pasatiempos que tendrían que cambiar.

Cuaderno de práctica — Libro para el hogar **129**

Práctica de vocabulario: Energía

Responde cada pista con una palabra de vocabulario. Las letras sombreadas revelarán la respuesta a la pregunta final. Puedes ver una lista de las palabras de vocabulario en la página 1 del folleto.

1.
2.
3.
4.
5.
6.
7.
8.
9.

1. La corriente eléctrica no puede pasar por un circuito ____.
2. La ____ eléctrica es el movimiento de energía eléctrica de un lugar a otro.
3. Un espejo ____ la luz cuando la hace rebotar hacia tus ojos.
4. La energía del movimiento es la energía ____.
5. Una ____ eléctrica es una cantidad pequeña de energía.
6. La energía de las partículas en movimiento es energía ____.
7. La energía almacenada es energía ____.
8. Los rayos de luz se doblan cuando se ____.
9. Si un objeto es negro, ____ todos los colores de la luz.

¿Cuál fue el invento de Samuel Morse para enviar mensajes abriendo y cerrando un circuito eléctrico?

Dato curioso

Las calorías miden la energía almacenada en los alimentos. Cuando leen el contenido calórico de cualquier alimento, están observando la cantidad de energía que ese alimento le proporciona al cuerpo.

RESPUESTAS: 1. abierto; 2. corriente; 3. refleja; 4. cinética; 5. carga; 6. térmica; 7. potencial;
8. refractan; 9. absorbe

Nombre _____

Vistazo al vocabulario

Usar con el Capítulo 14.

Escribe un término de vocabulario de la lista para completar cada oración. Subraya las pistas que te ayudaron a decidir qué palabra de vocabulario escribir.

| tono | vibración | onda de compresión |

1. La energía hace que las partículas de la materia se muevan hacia adelante y hacia atrás. Esta _____ produce el sonido.

2. El movimiento de onda implica el paso de energía a través de partículas. Algunas partículas se comprimen mientras que otras se apartan. Esto se llama _____.

3. La cuerda de un bajo vibra lentamente y produce un sonido grave. La cuerda de un violín vibra rápidamente y produce un sonido agudo. Esta es una diferencia de _____.

Explica lo que sucede en la ilustración. Escribe tres oraciones. Usa una palabra de vocabulario en cada oración.

4. _____
5. _____
6. _____

Notas para el hogar: Su niño(a) aprendió los términos de vocabulario del Capítulo 14.
Actividad para el hogar: Pida a su niño(a) que demuestre o ilustre el significado de cada término de vocabulario mientras que se lo explica.

Cuaderno de práctica

Nombre _____

Cómo leer en Ciencias

Usar con el Capítulo 14.

Comparar y contrastar

Lee el párrafo.

Instrumentos musicales

El trombón y el fagot son instrumentos musicales. Esto significa que producen sonido cuando haces vibrar el aire dentro de ellos. El trombonista hace vibrar sus labios y sopla dentro de la boquilla del trombón. Esto hace vibrar el aire dentro del instrumento. El músico sopla una lengüeta, o pieza de madera delgada, lo que hace vibrar el aire dentro del instrumento.

132 Cómo leer en Ciencias — Cuaderno de práctica

Nombre _____

Cómo leer en Ciencias

Usar con el Capítulo 14.

¡Aplícalo!
Completa el organizador gráfico. Escribe en que se parecen y en que se diferencian el trombón y el fagot.

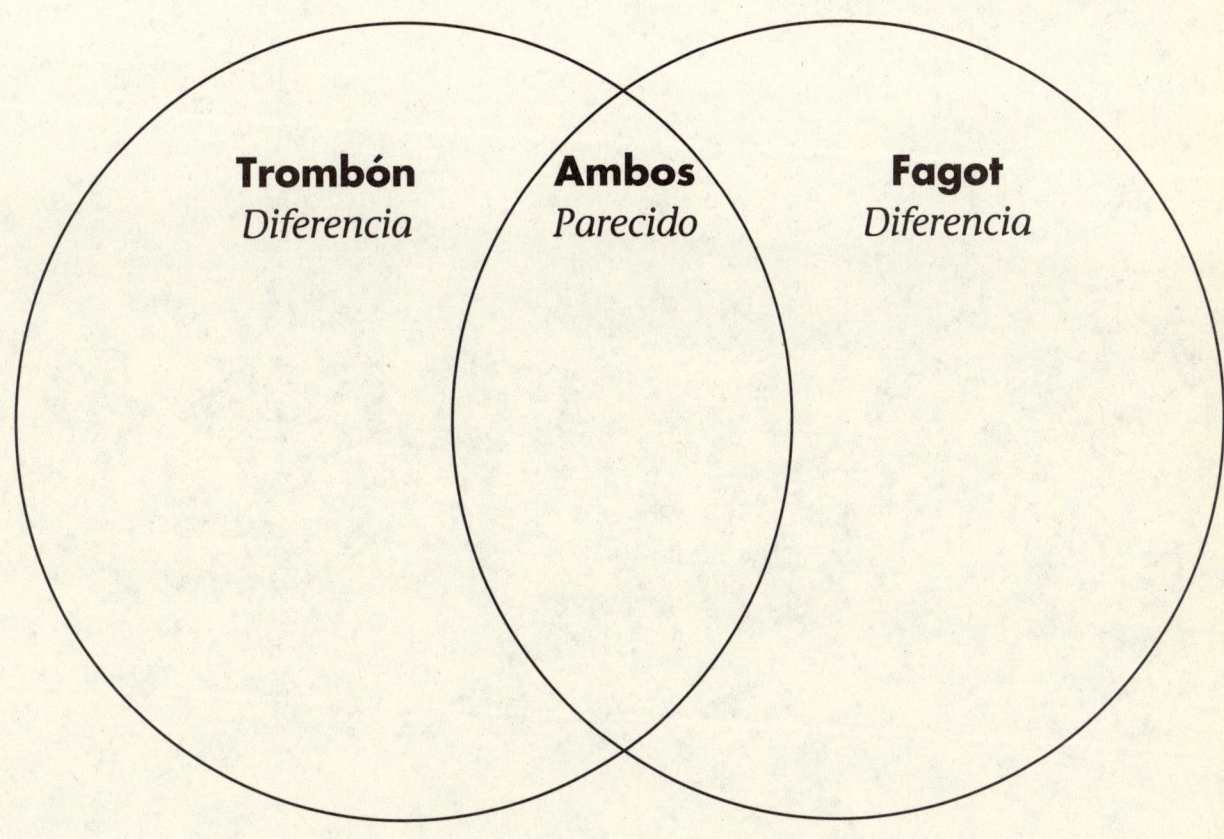

Trombón
Diferencia

Ambos
Parecido

Fagot
Diferencia

Notas para el hogar: Su niño(a) aprendió a comparar y contrastar objetos.
Actividad para el hogar: Con su niño(a), escuchen una grabación de música. Identifiquen diferentes instrumentos. Hablen acerca de las diferencias entre sonidos y cómo se producen.

Cuaderno de práctica

Cómo leer en Ciencias **133**

Notas

Nombre _____

Piensa, lee y aprende

Usar con las páginas 391–395.

Lección 1: ¿Qué causa los sonidos?

Antes de leer la Lección 1

Lee las siguientes afirmaciones. Marca el círculo para indicar si estás de acuerdo o en desacuerdo con cada una.

	De acuerdo	En desacuerdo
1. Tus cuerdas vocales vibran cuando hablas.	○	○
2. Tono es la dureza o la suavidad de un sonido.	○	○
3. Las cuerdas cortas y delgadas de un arpa producen sonidos agudos.	○	○

Después de leer la Lección 1

Vuelve a leer las afirmaciones anteriores. Si la lección apoya tu elección, marca el círculo *Correcto*. Luego, explica cómo apoya el texto tu elección. Si la lección no la apoya, marca el círculo *Incorrecto*. Luego explica por qué tu elección está equivocada.

	Correcto	Incorrecto
1. _____	○	○
2. _____	○	○
3. _____	○	○

Notas para el hogar: Su niño(a) completó un repaso previo y posterior de los conceptos clave de la lección.
Actividad para el hogar: Pida a su niño(a) que experimente con el tono y la intensidad, tocando con un dedo algunas bandas elásticas estiradas y golpeando suavemente algunos vasos con una cuchara.

Cuaderno de práctica

Nombre _____

Lección 1: Repaso

Usar con las páginas 391–395.

Repasar términos: Unir

Une cada descripción con la palabra correcta. Escribe la letra en la línea junto a cada descripción.

_____ 1. movimiento muy rápido hacia adelante y hacia atrás

_____ 2. qué tan agudo o grave es un sonido

a. tono
b. vibración

Repasar conceptos: Completar oraciones

Completa cada oración con la palabra o frase correcta.

_____ 3. ____ sólo se produce cuando la materia vibra. (El sonido, La luz)

_____ 4. Los objetos que vibran lentamente producen sonidos de tono ____. (agudo, grave)

_____ 5. ____ del sonido depende de la fuerza de las vibraciones. (El tono, La intensidad)

_____ 6. Cuanto más fuerte golpeas un tambor, más ____ será su sonido. (fuerte, agudo)

_____ 7. Los instrumentos de viento producen sonidos cuando vibra ____ que tienen dentro. (la cuerda, el aire)

_____ 8. Cuando las personas ____, sus cuerdas vocales vibran. (hablan, escuchan)

Aplicar estrategias: Comparar y contrastar

Usa oraciones completas para responder la pregunta 9. (2 puntos)

9. Nombra una semejanza y una diferencia entre *tono* e *intensidad*.

_____

_____

_____

Repaso de la lección   Cuaderno de práctica

Nombre _____

Piensa, lee y aprende

Usar con las páginas 396–401.

Lección 2: ¿Cómo viaja el sonido?

Antes de leer la Lección 2

Lee las siguientes afirmaciones. Marca el círculo para indicar si estás de acuerdo o en desacuerdo con cada una.

	De acuerdo	En desacuerdo
1. Sin materia no hay sonido.	○	○
2. El sonido viaja mediante ondas de compresión.	○	○
3. El sonido no puede viajar a través de los gases.	○	○

Después de leer la Lección 2

Vuelve a leer las afirmaciones anteriores. Si la lección apoya tu elección, marca el círculo *Correcto*. Luego, explica cómo apoya el texto tu elección. Si la lección no la apoya, marca el círculo *Incorrecto*. Luego explica por qué tu elección está equivocada.

	Correcto	Incorrecto
1. _____	○	○
_____		
2. _____	○	○
_____		
3. _____	○	○
_____		

Notas para el hogar: Su niño(a) completó un repaso previo y posterior de los conceptos clave de la lección.
Actividad para el hogar: Pida a su niño(a) que escuche un sonido que viaja a través del aire y luego a través del agua, por ejemplo en una bañera.

Cuaderno de práctica

Piensa, lee y aprende

Nombre _____

Lección 2: Repaso

Usar con las páginas 396–401.

Repasar términos: Completar oraciones

Completa la oración con la palabra o frase correcta.

_____ 1. Las ondas de sonido son ejemplos de ondas _____. (de compresión, atmosféricas)

Repasar conceptos: Verdadero o falso

Escribe **V** (verdadero) o **F** (falso) en la línea que está antes de cada oración.

_____ 2. El sonido viaja a través de la materia.

_____ 3. El sonido no puede viajar por el espacio exterior.

_____ 4. El sonido viaja a través de los sólidos, pero no a través de líquidos ni gases.

_____ 5. El eco se produce cuando las ondas sonoras son absorbidas por un objeto.

_____ 6. El oído externo recoge las ondas sonoras que viajan por el aire.

_____ 7. Los seres humanos y los animales pueden escuchar los mismos sonidos.

_____ 8. Los murciélagos usan el sonido para encontrar alimento.

Aplicar estrategias: Convertir unidades

9. La velocidad del sonido en el acero es de 5,200 metros por segundo. Escribe esta velocidad usando la unidad de kilómetros por segundo. Recuerda que 1,000 metros = 1 kilómetro. Muestra tu trabajo. (2 puntos)

Nombre _____

Matemáticas en Ciencias

Usar con el Capítulo 14.

Comparar la velocidad del sonido

Compara las velocidades a las que viaja el sonido a través de los materiales de la tabla. Usa los datos para responder las preguntas.

Materiales	Velocidad (Metros por segundo)
Caucho	60
Corcho	500
Cuero	1,210
Agua a 25 °C	1,496
Agua de mar a 25 °C	1,531
Ladrillo	3,650
Vidrio	4,540
Aluminio	5,000
Piedra	5,971

1. ¿Qué sólidos hacen que el sonido viaje más lento por el agua? _____
2. ¿El sonido viaja más rápido por agua dulce o por agua salada? _____
3. Imagina que hay un terremoto en el fondo del mar. ¿A través de qué materiales viajará el sonido que se produce? ¿Qué tan rápido viajará a través de cada material? _____

_____

_____

Notas para el hogar: Su niño(a) comparó la velocidad a la que viaja el sonido a través de diferentes materiales.
Actividad para el hogar: Comente con su niño(a) cómo se diferencian las partículas de los materiales en la tabla y cómo estas diferencias afectan su capacidad de transmitir ondas sonoras.

Cuaderno de práctica

Matemáticas en Ciencias

Notas

Libro para el hogar

Usar con el Capítulo 14.

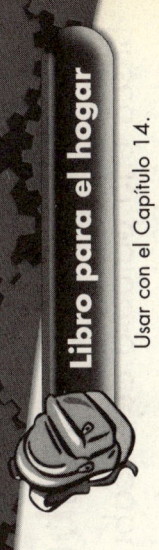

Querida familia:

Su niño(a) está aprendiendo cómo se producen los diferentes sonidos. En el capítulo de Ciencias "Sonido", nuestra clase aprendió cómo viaja el sonido. Los niños estudiaron la forma en que los seres humanos producen sonidos y cómo escuchan. Nuestra clase también aprendió la forma en que ciertos instrumentos musicales producen sonido.

Además de aprender cómo viaja el sonido a través de diferentes materiales, los estudiantes aprendieron muchas palabras nuevas de vocabulario. Ayude a su niño(a) para que estas palabras pasen a formar parte de su propio vocabulario y úsenlas cuando hablen del sonido.

> vibración
> tono
> onda de compresión

Las páginas siguientes contienen actividades que usted y su niño(a) pueden hacer juntos. Su participación en la educación de su niño(a) ayudará a trasladar el aprendizaje al hogar.

© Pearson Education, Inc.

Actividad de Ciencias en familia
Misterios del sonido

Materiales:

- pilas de artículos, como semillas de maíz, monedas de un centavo, granos de arroz, clips, guijarros, tierra o arena (NOTA: El tamaño de las pilas debe ser similar).
- cuatro vasos plásticos opacos
- papel de aluminio en cuadraditos
- papel y lápiz

Pasos:

1. Muéstre a su niño(a) cada pila de artículos. Luego, pídale que salga del cuarto mientras usted pone cada artículo en un vaso plástico. Ponga un cuadradito de aluminio sobre la boca de cada vaso.
2. Invite a su niño(a) a regresar al cuarto. Quítele la tapa a un vaso y tápelo con la mano. Asegúrese de que su niño(a) no vea lo que hay en el vaso.
3. Agite el vaso. Pregúntele a su niño(a) cuál de los cuatro objetos sonaron en el vaso. Pídale que escriba *Vaso 1* y el nombre del objeto en un trozo de papel.
4. Ponga de nuevo el vaso en la mesa y tápelo. Repita el Paso 3 con los vasos 2, 3 y 4.
5. Destape los vasos. Compare las respuestas de su niño(a) con el contenido real de cada vaso.

Cuaderno de práctica

Libro para el hogar **137**

Práctica de vocabulario

Busca una palabra de vocabulario en cada lista de letras. Encierra en un círculo las letras de la palabra. Escribe la palabra en la línea.

Lista de palabras

| vibración | tono | onda de compresión |

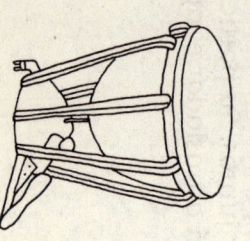

a t o w x w n o l

p o n e l d a r d e t c o m w g p r e j s i o n

a q v i ñ b r a w l c i o n f d

Responder con un antónimo

Los antónimos son palabras que tienen significados opuestos. Traza una línea desde las palabras en la columna de la izquierda hasta sus antónimos en la columna de la derecha.

1. vibrar   silencio
2. agudo   grave
3. sonido   suave
4. fuerte   inmóvil
5. recibir   enviar

Dato curioso

¿Han visto alguna vez a un perro cuando alza las orejas en la dirección de un sonido? Los perros mueven las orejas para escuchar bien. Los perros usan más de dieciocho músculos diferentes para inclinar, alzar o girar las orejas.

Nombre _____

Vistazo al vocabulario

Usar con el Capítulo 15.

Lee cada oración. Escoge la respuesta con el mejor significado de la palabra en negrita.

1. La Tierra hace una **rotación** completa cada veinticuatro horas.
   A. círculo   B. giro   C. día   D. semana

2. El Sol es una **estrella** que le proporciona luz y calor a la Tierra.
   A. planeta de gran tamaño   C. objeto muy distante
   B. roca enorme   D. bola de gases muy calientes

3. La luna llena y la luna creciente son dos **fases** de la Luna.
   A. etapas   C. cráteres
   B. partes separadas   D. copias

4. La Tierra gira sobre su **eje** como una rueda gira sobre un eje.
   A. línea de este a oeste   C. línea de polo a polo
   B. forma de panqueque plano   D. campo de fuerza que empuja

5. En un año, la Tierra completa una **revolución** alrededor del Sol.
   A. círculo alrededor de un centro   C. grupo de estaciones
   B. viaje hacia y desde   D. cambio de dirección

6. En un **eclipse lunar**, la Tierra se mueve entre el Sol y la Luna.
   A. bloqueo de la luz solar
   B. Sombra de la Tierra que cubre la Luna
   C. la Tierra bloquea la Luna
   D. sombra de la Luna que cubre la Tierra

7. Los **telescopios** muestran detalles de la Luna y las estrellas.
   A. instrumento que amplifica los objetos   C. tubo iluminado
   B. instrumento que hace que las cosas se vean más pequeñas   D. cañería oscurecida

8. Hace mucho tiempo, las personas de la antigüedad le pusieron nombres a las **constelaciones**.
   A. cualquier grupo de estrellas   C. grupo de estrellas que forman un patrón
   B. cuarta parte del cielo   D. mitad del cielo

Notas para el hogar: Su niño(a) aprendió los términos de vocabulario del Capítulo 15.
Actividad para el hogar: Pida a su niño(a) que busque un ejemplo o un diagrama en el capítulo que le ayude a explicar el significado de las palabras de vocabulario.

Cuaderno de práctica   Vistazo al vocabulario **139**

Nombre _____

Cómo leer en Ciencias

Usar con el Capítulo 15.

Secuencia

Estudia el grupo de diagramas que muestra un patrón.

140 Cómo leer en Ciencias

Cuaderno de práctica

Nombre _____

Cómo leer en Ciencias

Usar con el Capítulo 15.

¡Aplícalo!

En el siguiente cuadro, dibuja un diagrama de lo que sucederá a continuación en el patrón. Muestra la sombra que aparecerá y su dirección.

Notas para el hogar: Su niño(a) aprendió a usar una diagrama de secuencia para predecir lo que sucederá después.
Actividad para el hogar: Con su niño(a), usen una linterna y un objeto para producir sombras. Describan la secuencia de movimientos que hará crecer la sombra.

Cuaderno de práctica

Cómo leer en Ciencias **141**

Notas

Nombre _____

Piensa, lee y aprende

Usar con las páginas 423–427.

Lección 1: ¿Qué patrones se repiten cada día?

Antes de leer la Lección 1

Lee las siguientes afirmaciones. Marca el círculo para indicar si estás de acuerdo o en desacuerdo con cada una.

	De acuerdo	En desacuerdo
1. La rotación de la Tierra causa el día y la noche.	○	○
2. La Tierra gira más rápido en invierno.	○	○
3. Las sombras se proyectan hacia el este en la mañana.	○	○

Después de leer la Lección 1

Vuelve a leer las afirmaciones anteriores. Si la lección apoya tu elección, marca el círculo *Correcto*. Luego, explica cómo apoya el texto tu elección. Si la lección no la apoya, marca el círculo *Incorrecto*. Luego explica por qué tu elección está equivocada.

	Correcto	Incorrecto
1. _____	○	○
2. _____	○	○
3. _____	○	○

Notas para el hogar: Su niño(a) completó un repaso previo y posterior de los conceptos clave de la lección.
Actividad para el hogar: Pida a su niño(a) que use una pelota o un globo para demostrar la rotación de la Tierra mientras usted sostiene una linterna. Hablen acerca de por qué la rotación causa el día y la noche.

Cuaderno de práctica

Piensa, lee y aprende **142**

Nombre _____

Lección 1: Repaso

Usar con las páginas 423–427.

Repasar términos: Unir

Une cada descripción con la palabra correcta. Escribe la letra en la línea junto a cada descripción.

_____ 1. bola gigante de gases calientes y luminosos

_____ 2. línea imaginaria sobre la que gira la Tierra

_____ 3. un giro completo sobre un eje

a. eje
b. estrella
c. rotación

Repasar conceptos: Completar oraciones

Completa cada oración con la palabra o frase correcta.

_____ 4. La Tierra es ____ comparada con el Sol. (grande, pequeña)

_____ 5. En cualquier época, ____ de la Tierra está de cara al Sol. (la mitad, toda)

_____ 6. La Tierra completa una rotación cada ____ horas. (12, 24)

_____ 7. La longitud y la dirección de las sombras ____ a lo largo del día. (cambian, permanecen igual)

_____ 8. A mediodía las sombras se ____. (alargan, acortan)

Aplicar estrategias: Secuencia

9. Durante el día, la posición del Sol parece cambiar en el cielo. A continuación se enumeran los pasos en desorden. Usa las palabras clave para ponerlos en el orden correcto. (2 puntos)

Finalmente, el Sol parece ponerse en el oeste.
Primero, el Sol parece salir por el este.
Después, el Sol parece atravesar el cielo.

_____

_____

_____

Nombre _____

Piensa, lee y aprende

Usar con las páginas 428–431.

Lección 2: ¿Qué patrones se repiten cada año?

Antes de leer la Lección 2

Lee las siguientes afirmaciones. Marca el círculo para indicar si estás de acuerdo o en desacuerdo con cada una.

	De acuerdo	En desacuerdo
1. Una revolución es una vuelta completa.	○	○
2. En diciembre es verano en la mitad sur de la Tierra.	○	○
3. Tenemos menos luz del Sol en invierno.	○	○

Después de leer la Lección 2

Vuelve a leer las afirmaciones anteriores. Si la lección apoya tu elección, marca el círculo *Correcto*. Luego, explica cómo apoya el texto tu elección. Si la lección no la apoya, marca el círculo *Incorrecto*. Luego explica por qué tu elección está equivocada.

	Correcto	Incorrecto
1. _____	○	○
2. _____	○	○
3. _____	○	○

Notas para el hogar: Su niño(a) completó un repaso previo y posterior de los conceptos clave de la lección.
Actividad para el hogar: Con su niño(a), usen una linterna y una pelota inclinada en ángulo para mostrar los rayos directos e indirectos de luz sobre una esfera.

Cuaderno de práctica

Nombre _____

Lección 2: Repaso

Usar con las páginas 428–431.

Repasar términos: Completar oraciones

Completa la oración con la palabra correcta.

_____ 1. Una ___ es una vuelta completa alrededor del Sol. (revolución, rotación)

Repasar conceptos: Verdadero o falso

Escribe **V** (verdadero) o **F** (falso) en la línea que está antes de cada oración.

_____ 2. El eje de la Tierra siempre apunta en la misma dirección en el espacio.

_____ 3. Los lugares de la Tierra que reciben luz más directa tienen temperaturas más cálidas.

_____ 4. Las estaciones se producen por la inclinación de la Tierra y su movimiento alrededor del Sol.

_____ 5. La Tierra completa una revolución en 24 horas.

_____ 6. En casi todos los lugares de la Tierra, el número de horas de luz y oscuridad cambia durante el año.

_____ 7. Durante el invierno hay más horas de luz que de oscuridad.

_____ 8. El Sol parece más alto en el cielo en el verano que en el invierno.

Aplicar estrategias: Calcular

9. Al norte de los Estados Unidos, hay 15 horas de luz algunos días de junio. ¿Cuántas horas de oscuridad tienen esos días? Muestra tu trabajo y escribe una oración que explique cómo hallaste la respuesta. (2 puntos)

_____

_____

_____

Repaso de la lección

Cuaderno de práctica

Nombre _____

Piensa, lee y aprende

Usar con las páginas 432–435.

Lección 3: ¿Por qué cambia la forma de la Luna?

Antes de leer la Lección 3

Lee las siguientes afirmaciones. Marca el círculo para indicar si estás de acuerdo o en desacuerdo con cada una.

	De acuerdo	En desacuerdo
1. La Luna refleja la luz del Sol.	○	○
2. La forma de la Luna cambia cada mes.	○	○
3. La Luna repite cuatro fases cada 29 días y medio.	○	○

Después de leer la Lección 3

Vuelve a leer las afirmaciones anteriores. Si la lección apoya tu elección, marca el círculo *Correcto*. Luego, explica cómo apoya el texto tu elección. Si la lección no la apoya, marca el círculo *Incorrecto*. Luego explica por qué tu elección está equivocada.

	Correcto	Incorrecto
1. _____	○	○
2. _____	○	○
3. _____	○	○

Notas para el hogar: Su niño(a) completó un repaso previo y posterior de los conceptos clave de la lección.
Actividad para el hogar: Con su niño(a), miren la Luna, dibújenla e identifiquen su fase. Mírenla y dibújenla de nuevo varios días después y comparen sus dibujos.

Cuaderno de práctica

Nombre _____

Lección 3: Repaso

Usar con las páginas 432–435.

Repasar términos: Unir

Une cada descripción con la palabra o frase correcta. Escribe la letra en la línea junto a cada descripción.

_____ 1. cada una de las formas que parece tomar la Luna

_____ 2. cuando la Tierra bloquea la luz del Sol e impide que llegue a la Luna

a. eclipse lunar
b. fase

Repasar conceptos: Verdadero o falso

Escribe **V** (verdadero) o **F** (falso) en la línea que está antes de cada oración.

_____ 3. La Luna tarda unos 29 días terrestres en completar una rotación.

_____ 4. La Luna produce su propia luz.

_____ 5. Durante la luna nueva, la Luna parece un semicírculo.

_____ 6. La Luna parece un semicírculo durante el cuarto creciente.

_____ 7. La luna llena parece un círculo.

_____ 8. La mitad iluminada de la Luna siempre se puede ver desde la Tierra.

Escribir

9. Escribe un párrafo que describa la posición de la Tierra, la Luna y el Sol durante un eclipse lunar. (2 puntos)

_____

_____

_____

_____

Nombre _____

Piensa, lee y aprende

Usar con las páginas 436–439.

Lección 4: Patrones de las estrellas

Antes de leer la Lección 4

Lee las siguientes afirmaciones. Marca el círculo para indicar si estás de acuerdo o en desacuerdo con cada una.

	De acuerdo	En desacuerdo
1. Las estrellas de una constelación forman un patrón.	○	○
2. Puedes ver casi todas las estrellas a simple vista.	○	○
3. Las estrellas se mueven en el espacio.	○	○

Después de leer la Lección 4

Vuelve a leer las afirmaciones anteriores. Si la lección apoya tu elección, marca el círculo *Correcto*. Luego, explica cómo apoya el texto tu elección. Si la lección no la apoya, marca el círculo *Incorrecto*. Luego explica por qué tu elección está equivocada.

	Correcto	Incorrecto
1. _____ _____	○	○
2. _____ _____	○	○
3. _____ _____	○	○

Notas para el hogar: Su niño(a) completó un repaso previo y posterior de los conceptos clave de la lección.
Actividad para el hogar: Con su niño(a), busquen un lugar al aire libre para ver las estrellas de noche. (De ser posible, busquen un lugar que no esté muy iluminado). Busquen una constelación.

Cuaderno de práctica

Nombre _____

Lección 4: Repaso

Usar con las páginas 436–439.

Repasar términos: Unir

Une cada descripción con la palabra correcta. Escribe la letra en la línea junto a cada descripción.

_____ 1. grupo de estrellas que forma un patrón

_____ 2. instrumento que aumenta los objetos lejanos

a. telescopio
b. constelación

Repasar conceptos: Verdadero o falso

Escribe V (verdadero) o F (falso) en la línea que está antes de cada oración.

_____ 3. Todas las estrellas son del mismo tamaño.

_____ 4. Algunas estrellas brillan más que otras.

_____ 5. Algunos telescopios usan espejos y lentes.

_____ 6. Las estrellas de una constelación están muy cercanas entre sí.

_____ 7. De noche parece que las estrellas se mueven por el cielo.

_____ 8. Las constelaciones siempre aparecen en la misma parte del cielo.

Aplicar estrategias: Idea principal y detalles de apoyo

Usa oraciones completas para responder la pregunta 9. (2 puntos)

9. Escribe tres detalles que apoyen la siguiente idea principal.
   Idea principal: Las estrellas forman patrones en el cielo.

Detalle: _____

Detalle: _____

Detalle: _____

145A Repaso de la lección

Cuaderno de práctica

Nombre _____

Matemáticas en Ciencias

Usar con el Capítulo 15.

Comparar la hora de salida y la puesta de la Luna

Al igual que el Sol, la Luna sale y se pone cada día. Sin embargo, el momento de salida y puesta varía más que la salida y la puesta del Sol. Usa la siguiente tabla para responder las preguntas.

Fecha	Salida de la Luna	Puesta de la Luna
9 de mayo, 2004	1:00 A.M.	9:48 A.M.
9 de julio, 2004	12:28 A.M.	1:34 P.M.
9 de septiembre, 2004	12:55 A.M.	5:04 P.M.
9 de noviembre, 2004	2:59 A.M.	3:09 P.M.

1. ¿Cuántas horas y minutos pasaron entre la salida y la puesta de la Luna el 9 de mayo?

   _____

2. ¿En qué fecha transcurrió más tiempo entre la salida y la puesta de la Luna?

   _____

3. Si te quedas despierto para ver salir la Luna, ¿en qué fecha estarías despierto más tiempo?

   _____

4. Pon las fechas en orden, desde el tiempo más corto hasta el tiempo más largo entre la salida y la puesta de la Luna.

   _____

   _____

Notas para el hogar: Su niño(a) usó una tabla para calcular el tiempo transcurrido.
Actividad para el hogar: Estudie la tabla con su niño(a). Analicen si la Luna sólo se ve en el cielo de noche, o también de noche y de día.

Cuaderno de práctica

Notas

Libro para el hogar

Usar con el Capítulo 15.

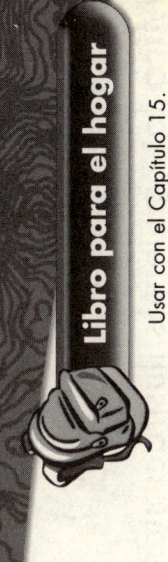

Querida familia:

Su niño(a) está aprendiendo sobre las diferentes formas en que se mueven la Tierra y la Luna. En el capítulo de Ciencias "Patrones del cielo", nuestra clase aprendió sobre la rotación de la Tierra y su revolución alrededor del Sol. Los estudiantes también aprendieron por qué la Luna parece cambiar de forma durante el mes.

Además de aprender sobre el movimiento de la Tierra y la forma en que esto afecta las estaciones, los estudiantes también aprendieron muchas palabras nuevas de vocabulario. Ayude a su niño(a) para que estas palabras pasen a formar parte de su propio vocabulario y úsenlas cuando hablen de los ciclos de la Tierra.

> estrella
> eje
> rotación
> revolución
> fase
> eclipse lunar
> telescopio
> constelación

Las páginas siguientes contienen actividades que usted y su niño(a) pueden hacer juntos. Su participación en la educación de su niño(a) ayudará a trasladar el aprendizaje al hogar.

© Pearson Education, Inc.

Actividad de Ciencias en familia

Patrones de salida y puesta del Sol

Materiales:
- papel
- bolígrafo o lápiz
- periódico (opcional)

Pasos:

❶ Escojan lo que prefieran: la hora de salida del Sol en la mañana, la puesta del Sol en la tarde, o ambas. Esto depende de la estación y de su horario.

❷ Ayude a su niño(a) a hacer una tabla. Dividan la tabla en dos columnas. Titulen una columna *Fecha* y la otra columna *Hora*.

❸ Todos los días durante dos semanas, invite a su niño(a) a observar la salida o la puesta del Sol. Él o ella debe anotar la fecha y la hora en que los primeros o los últimos rayos de Sol son visibles. (Conviene que compare estas horas con la hora oficial de salida y puesta del Sol en el periódico).

❹ Analicen la tabla después de dos semanas. Pida a su niño(a) que le explique el patrón que anotaron. ¿Se alargan o se acortan las horas de día? ¿Por qué? ¿Cómo cambiará el número de horas de luz durante la próxima estación?

Cuaderno de práctica

Fases de la Luna

Mira las siguientes ilustraciones de la Luna.
Traza líneas para unir las ilustraciones de la izquierda con las fases de la Luna a la derecha.

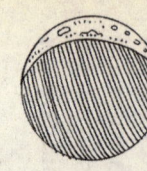 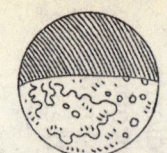 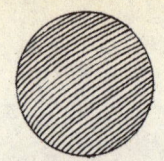 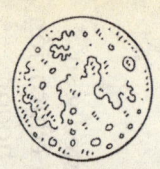

Luna nueva

Luna llena

Cuarto creciente

Media luna

© Pearson Education, Inc.

Tu estación preferida

Dibuja el estado del tiempo de tu estación preferida.
Escribe sobre tu estación preferida. ¿Cómo es la temperatura? ¿Cuánta luz de Sol tiene cada día?

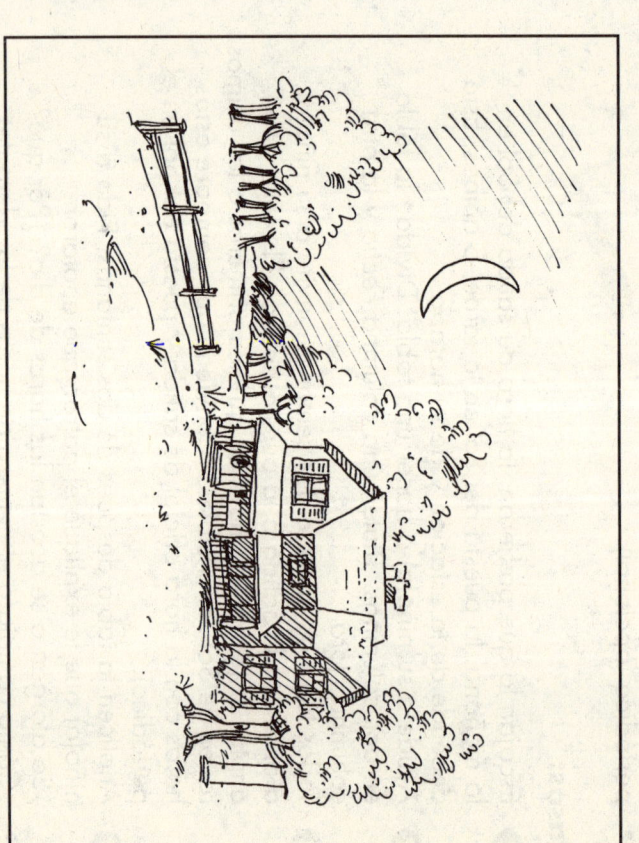

_____
_____
_____

Nombre _____

Vistazo al vocabulario

Usar con el Capítulo 16.

Une cada término de vocabulario con su significado. Escribe la letra en el espacio que hay antes de la palabra.

____ 1. planeta

a. camino que sigue un objeto al girar alrededor del Sol

____ 2. asteroide

b. cuerpo enorme de materia en órbita alrededor del Sol

____ 3. órbita

c. el Sol, los nueve planetas y sus lunas y los astros

____ 4. sistema solar

d. pedazo de roca que está en órbita alrededor del Sol

Haz un dibujo en el cuadro de abajo para ilustrar los términos de vocabulario. Usa las palabras como rótulos.

Notas para el hogar: Su niño(a) aprendió los términos de vocabulario del Capítulo 16.
Actividad para el hogar: Pida a su niño(a) que use el dibujo de arriba para explicar el significado de los términos de vocabulario. Hablen acerca del movimiento de los planetas en el sistema solar.

Cuaderno de práctica

Vistazo al vocabulario

Nombre _____

Cómo leer en Ciencias

Usar con el Capítulo 16.

 # Comparar y contrastar

Lee el artículo científico. Usa la información para comparar y contrastar Mercurio con Plutón.

Mercurio y Plutón

Mercurio y Plutón son los planetas más pequeños de nuestro sistema solar. Ambos son rocosos. Mercurio no tiene atmósfera y Plutón casi no tiene atmósfera. Pero hay muchas diferencias entre los dos. Mercurio está más cerca del Sol y por eso es muy seco y caliente. Plutón está más lejos del Sol y por eso es muy frío.

Mercurio completa una órbita alrededor del Sol tan sólo en 88 días terrestres…¡pero Plutón tarda 248 años terrestres en viajar alrededor del Sol!

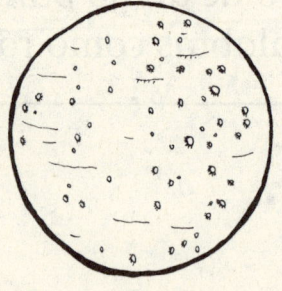
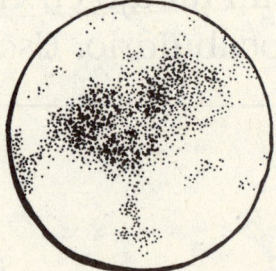

Mercurio   Plutón

¡Aplícalo!

Escribe en el centro del organizador gráfico de la página siguiente las semejanzas entre los dos planetas. Escribe sus diferencias a izquierda y derecha.

Cómo leer en Ciencias   Cuaderno de práctica

Nombre _____

Cómo leer en Ciencias

Usar con el Capítulo 16.

**Características
de Mercurio**   **Mercurio y
Plutón**   **Características
de Plutón**

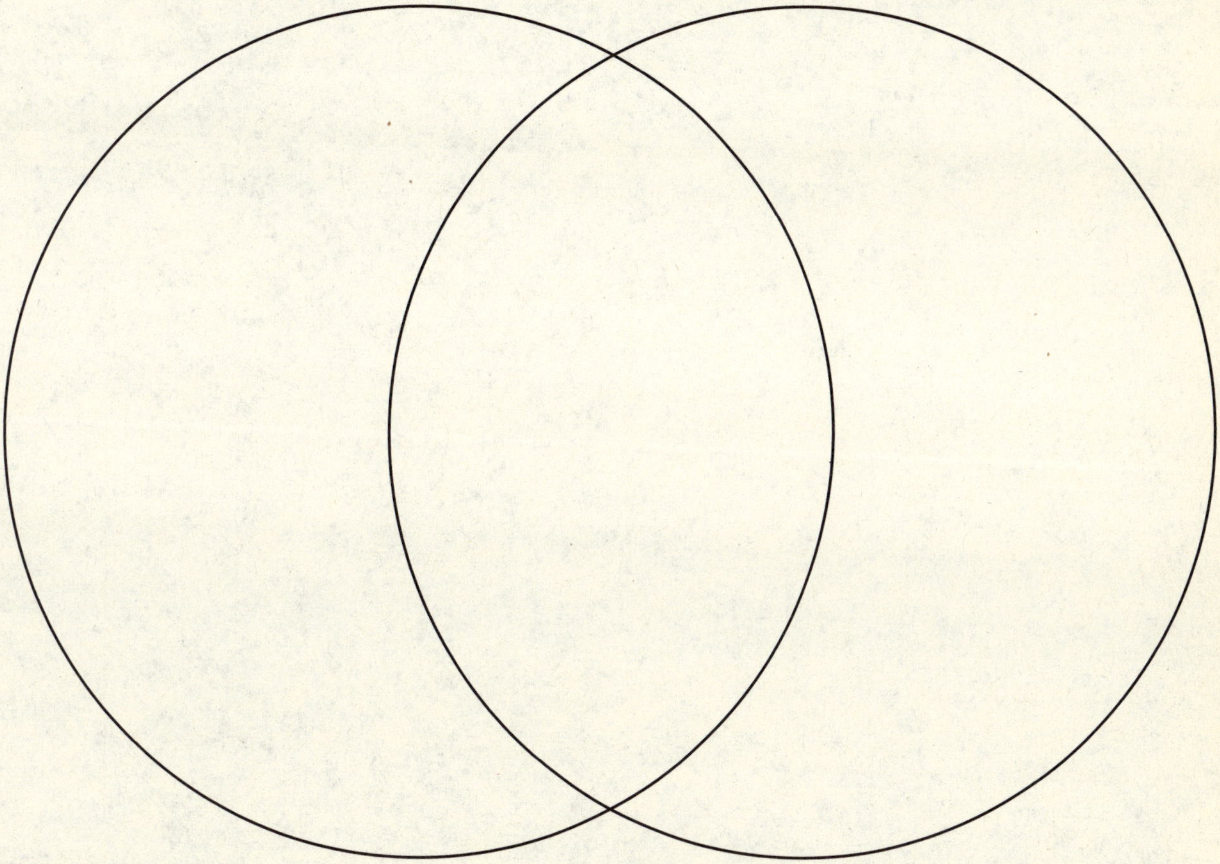

Notas para el hogar: Su niño(a) aprendió a usar un diagrama para mostrar las semejanzas y las diferencias entre dos cosas.
Actividad para el hogar: Trabaje con su niño(a) para hacer una lista de semejanzas y diferencias entre la Luna y el Sol.

Cuaderno de práctica   Cómo leer en Ciencias **151**

Notas

Nombre _____

Piensa, lee y aprende

Usar con las páginas 455–457.

Lección 1: ¿Cuáles son las partes del sistema solar?

Antes de leer la Lección 1

Lee las siguientes afirmaciones. Marca el círculo para indicar si estás de acuerdo o en desacuerdo con cada una.

	De acuerdo	En desacuerdo
1. El Sol es la estrella más grande y más caliente.	○	○
2. El sistema solar está formado por nueve planetas.	○	○
3. La gravedad hace que los planetas giren alrededor del Sol.	○	○

Después de leer la Lección 1

Vuelve a leer las afirmaciones anteriores. Si la lección apoya tu elección, marca el círculo *Correcto*. Luego, explica cómo apoya el texto tu elección. Si la lección no la apoya, marca el círculo *Incorrecto*. Luego explica por qué tu elección está equivocada.

	Correcto	Incorrecto
1. _____	○	○
2. _____	○	○
3. _____	○	○

Notas para el hogar: Su niño(a) completó un repaso previo y posterior de los conceptos clave de la lección.
Actividad para el hogar: Pida a su niño(a) que use una pelota grande y una pelota pequeña para demostrar la revolución y la rotación de un planeta.

Cuaderno de práctica
Piensa, lee y aprende **152**

Nombre _____

Lección 1: Repaso

Usar con las páginas 455–457.

Repasar términos: Completar oraciones

Completa cada oración con la palabra o frase correcta.

_____ 1. Un ___ es un cuerpo enorme que gira alrededor del Sol. (planeta, asteroide)

_____ 2. El Sol, los nueve planetas, sus lunas y otros objetos en órbita alrededor del Sol forman el ___. (sistema solar, espacio)

_____ 3. ___ de un objeto es el camino que sigue alrededor del Sol. (El asteroide, La órbita)

_____ 4. Los pedazos de roca que están en órbita alrededor del Sol se llaman ___. (asteroides, planetas exteriores)

Repasar conceptos: Completar oraciones

Completa cada oración con la palabra o frase correcta.

_____ 5. El Sol es un(a) ___. (planeta, estrella)

_____ 6. Los planetas se mantienen en órbita debido ___ del Sol. (a la gravedad, al plasma)

_____ 7. Mercurio, Venus, la Tierra y Marte son los planetas ___. (interiores, exteriores)

_____ 8. Los planetas se agrupan en planetas interiores y exteriores según lo alejados que están ___. (de la Luna, del Sol)

Aplicar estrategias: Comparar y contrastar

Usa oraciones completas para responder la pregunta 9. (2 puntos)

9. Nombra una semejanza entre el Sol y los planetas. Luego, nombra una diferencia.

_____

_____

_____

Nombre _____

Piensa, lee y aprende

Usar con las páginas 458–465.

Lección 2: ¿Cuáles son los planetas?

Antes de leer la Lección 2

Lee las siguientes afirmaciones. Marca el círculo para indicar si estás de acuerdo o en desacuerdo con cada una.

	De acuerdo	En desacuerdo
1. Mercurio rota más lento que la Tierra.	○	○
2. La atmósfera de la Tierra es importante para la vida.	○	○
3. Júpiter y Plutón son gigantes gaseosos.	○	○

Después de leer la Lección 2

Vuelve a leer las afirmaciones anteriores. Si la lección apoya tu elección, marca el círculo *Correcto*. Luego, explica cómo apoya el texto tu elección. Si la lección no la apoya, marca el círculo *Incorrecto*. Luego explica por qué tu elección está equivocada.

	Correcto	Incorrecto
1. _____	○	○
_____		
2. _____	○	○
_____		
3. _____	○	○
_____		

Notas para el hogar: Su niño(a) completó un repaso previo y posterior de los conceptos clave de la lección.
Actividad para el hogar: Hagan unas tarjetas de apoyo con los nombres de los planetas. Pida a su niño(a) que ordene los planetas del más cercano al más lejano del Sol. Pídale que le hable de cada uno.

Nombre _____

Lección 2: Repaso

Usar con las páginas 458–465.

Repasar conceptos: Verdadero o falso

Escribe V (verdadero) o F (falso) en la línea que está antes de cada oración.

_____ 1. Los planetas interiores son gigantes gaseosos.

_____ 2. La Tierra es el tercer planeta desde el Sol.

_____ 3. A Marte se le llama "planeta rojo".

_____ 4. La Tierra puede sustentar vida gracias a su temperatura moderada, atmósfera y agua líquida.

_____ 5. La superficie de la Tierra siempre permanece igual.

_____ 6. Los planetas exteriores están mucho más cerca entre sí que los planetas interiores.

_____ 7. Los gigantes gaseosos tienen anillos que los rodean.

_____ 8. Plutón es el planeta más pequeño del sistema solar.

Aplicar estrategias: Calcular

9. La distancia a través de la Tierra es 12,750 kilómetros. La distancia a través de Venus es 12,000 kilómetros. ¿Cuánto mayor es la distancia a través de la Tierra que la distancia a través de Venus? Muestra tu trabajo.
(2 puntos)

Nombre _____

Matemáticas en Ciencias

Usar con el Capítulo 16.

Hallar patrones en tablas

Todos los planetas giran. Algunos giran más rápido que la Tierra y otros giran más lento. Fíjate en la información de la tabla. Los números muestran cuántas veces gira cada planeta por cada rotación de la Tierra.

Planetas		Tiempo de revolución (Días terrestres)
Planetas interiores	Mercurio	58.8
	Venus	244
	Tierra	1.0
	Marte	1.029
Planetas exteriores	Júpiter	0.411
	Saturno	0.428
	Urano	0.748
	Neptuno	0.802
	Plutón	0.267

1. ¿Cuánto tarda Venus en rotar una vez sobre su eje?

   _____

2. ¿Qué planeta rota más rápido?

   _____

3. ¿Cómo se compara la rotación de los planetas interiores con la de los planetas exteriores?

   _____

Notas para el hogar: Su niño(a) aprendió a buscar patrones en una tabla.
Actividad para el hogar: Con su niño(a), busquen en una enciclopedia o revista algún artículo sobre el sistema solar. Busquen una tabla que compare los planetas y traten de identificar algún patrón.

Cuaderno de práctica

Matemáticas en Ciencias

Notas

Libro para el hogar

Usar con el Capítulo 16.

Querida familia:

Su niño(a) está aprendiendo acerca del Sol, la Tierra y el sistema solar. En el capítulo de Ciencias "El sistema solar", nuestra clase aprendió qué es el Sol y cómo produce luz y calor. Los estudiantes también aprendieron cómo se mueven los planetas en el espacio.

A medida que los estudiantes estudiaron las características de cada planeta, también aprendieron muchas palabras nuevas de vocabulario. Ayude a su niño(a) para que estas palabras pasen a formar parte de su propio vocabulario y úsenlas cuando hablen del sistema solar.

```
planeta
sistema solar
órbita
asteroide
```

Las páginas siguientes contienen actividades que usted y su niño(a) pueden hacer juntos. Su participación en la educación de su niño(a) ayudará a trasladar el aprendizaje al hogar.

Actividad de Ciencias en familia
Demostración del sistema solar

Materiales:
- pelota grande y redonda (por ejemplo: una pelota de basquetbol o de fútbol)
- pelota más pequeña y redonda (por ejemplo: una pelota de tenis o una pelota de goma)

Pasos:

1. Coloquen ambas pelotas cerca una de otra sobre una mesa. Explique a su niño(a) que la pelota más grande es el Sol y la pelota más pequeña es la Tierra.
2. Explique que la parte de la Tierra que apunta hacia el Sol es de día. La parte de la Tierra alejada del Sol es de noche.
3. Pida a su niño(a) que gire la Tierra un círculo completo. ¿Cuántas horas tarda la Tierra en completar una rotación? (24 horas)
4. Ahora, pídale a su niño(a) que mueva la Tierra alrededor del Sol. ¿Cuántos días tarda la Tierra en hacer una órbita completa o círculo? (365 días)

Cuaderno de práctica

Detective espacial

Encierra en un círculo las palabras de la lista que hay en la sopa de letras.

S	I	S	T	E	M	A	S	O	L	A	R
A	X	H	I	L	N	Z	E	O	T	A	M
S	B	I	W	P	L	A	N	E	T	A	O
T	A	S	C	R	I	F	L	O	S	X	A
E	S	O	Q	I	J	Y	S	E	I	O	G
R	O	R	B	I	T	A	U	T	L	Ñ	R
O	R	A	T	A	M	H	R	S	Y	U	A
I	P	R	L	E	L	M	U	I	R	P	V
D	F	A	T	M	O	S	F	E	R	A	E
E	G	S	I	D	U	O	E	D	T	A	D
S	I	D	P	L	A	N	T	E	A	T	A
S	U	D	Y	S	Y	G	I	R	A	R	D

Lista de palabras

atmósfera   gravedad   planeta
órbita   asteroide sistema solar
            girar

© Pearson Education, Inc.

La posición de los planetas

Escribe los nombres de los planetas en orden desde del Sol.

M _ _ _ _ _ _ _
V _ _ _ _
T _ _ _ _ _
M _ _ _ _
J _ _ _ _ _ _
S _ _ _ _ _ _
U _ _ _ _
N _ _ _ _ _ _
P _ _ _ _ _

Dato curioso

La palabra *luna* se usa en muchas frases. "Estar en la Luna" significa no darse cuenta de lo que sucede. "Pedir la Luna" significa querer algo imposible o muy difícil de conseguir. "Estar con la luna" significa andar enojado.

RESPUESTAS: Mercurio, Venus, Tierra, Marte, Júpiter, Saturno, Urano, Neptuno, Plutón

Nombre _____

Vistazo al vocabulario

Usar con el Capítulo 17.

Une cada término de vocabulario con su significado. Escribe la letra en el espacio que hay antes de la palabra.

____ 1. tecnología   a. algo que se hace por primera vez

____ 2. inventos   b. máquina para almacenar, procesar y enviar información electrónica

____ 3. herramientas   c. algo que la gente hace para facilitar el trabajo

____ 4. computadora   d. uso del conocimiento para diseñar nuevas herramientas y nuevas maneras de hacer las cosas

Usa cada uno de los términos anteriores para completar el diagrama. Escribe la palabra que corresponde en el espacio en blanco en cada oración.

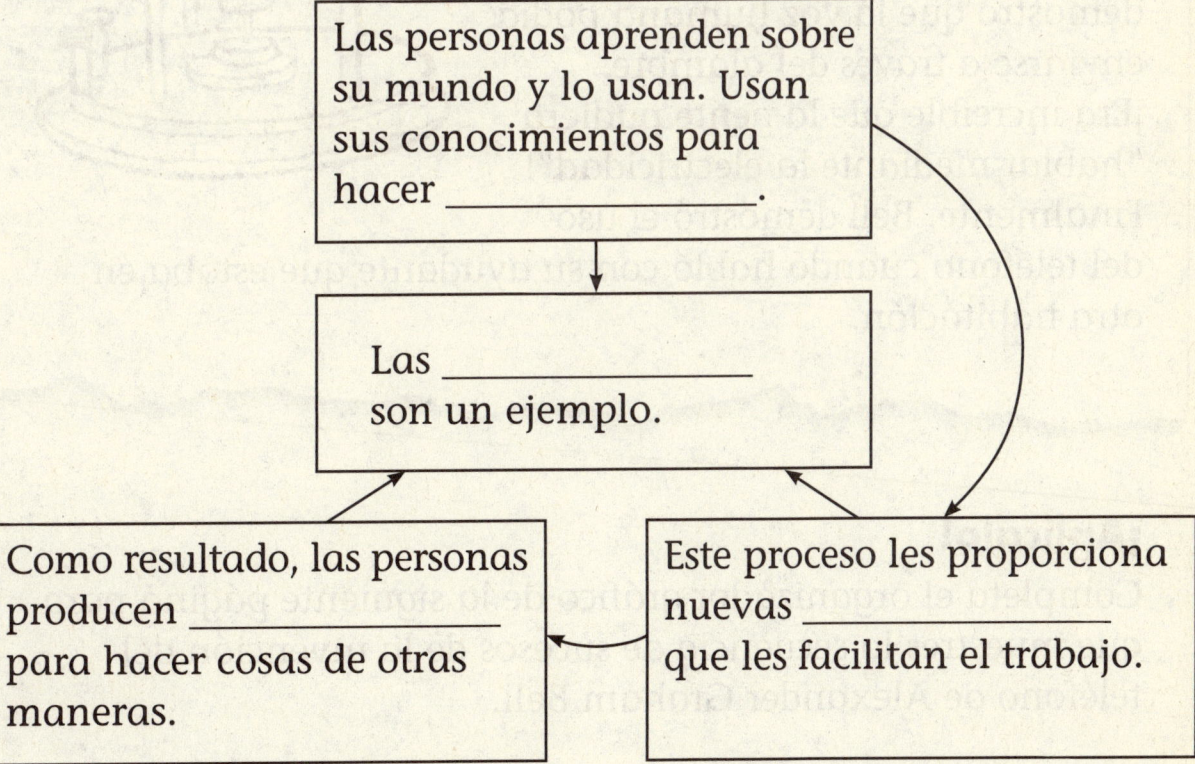

Las personas aprenden sobre su mundo y lo usan. Usan sus conocimientos para hacer _____.

Las _____ son un ejemplo.

Como resultado, las personas producen _____ para hacer cosas de otras maneras.

Este proceso les proporciona nuevas _____ que les facilitan el trabajo.

Notas para el hogar: Su niño(a) aprendió los términos de vocabulario del Capítulo 17.
Actividad para el hogar: Con su niño(a), enumeren algunas **herramientas** que facilitan el trabajo, **inventos** que han cambiado nuestra vida y las formas en que usamos la **tecnología** hoy.

Cuaderno de práctica   Vistazo al vocabulario **157**

Nombre _____

Cómo leer en Ciencias

Usar con el Capítulo 17.

Secuencia

Lee el artículo científico.

El hilo del telégrafo

Alexander Graham Bell sabía mucho acerca del sonido y la música, y se preguntaba si sería posible enviar más de un mensaje por un hilo telegráfico. Primero, hizo experimentos para tratar de enviar señales de diferentes tonos por un alambre. Luego descubrió que el sonido se podía escuchar a través de un alambre. Después demostró que la voz humana podía enviarse a través del alambre. ¡Era increíble que la gente pudiera "hablar mediante la electricidad"! Finalmente, Bell demostró el uso del teléfono cuando habló con su ayudante que estaba en otra habitación.

¡Aplícalo!

Completa el organizador gráfico de la siguiente página para que muestres la secuencia de sucesos de la invención del teléfono de Alexander Graham Bell.

Nombre _____

Cómo leer en Ciencias

Usar con el Capítulo 17.

Primero

↓

Luego

↓

Después

↓

Finalmente

Notas para el hogar: Su niño(a) aprendió colocar sucesos en orden lógico y en secuencia. También aprendió a usar las palabras clave que indican secuencia.
Actividad para el hogar: Pida a su niño(a) que elija un objeto electrónico que use y que le explique la secuencia de pasos necesarios para usarlo.

Cuaderno de práctica

Cómo leer en Ciencias

Notas

Nombre _____

Piensa, lee y aprende

Usar con las páginas 479–483.

Lección 1: ¿Cómo influye la tecnología en nuestra vida?

Antes de leer la Lección 1

Lee las siguientes afirmaciones. Marca el círculo para indicar si estás de acuerdo o en desacuerdo con cada una.

	De acuerdo	En desacuerdo
1. Las personas han usado la tecnología desde el siglo XIX.	○	○
2. Los inventos mejoran la tecnología.	○	○
3. Los sistemas tecnológicos trabajan en conjunto.	○	○

Después de leer la Lección 1

Vuelve a leer las afirmaciones anteriores. Si la lección apoya tu elección, marca el círculo *Correcto*. Luego, explica cómo apoya el texto tu elección. Si la lección no la apoya, marca el círculo *Incorrecto*. Luego explica por qué tu elección está equivocada.

	Correcto	Incorrecto
1. _____	○	○
2. _____	○	○
3. _____	○	○

Notas para el hogar: Su niño(a) completó un repaso previo y posterior de los conceptos clave de la lección.
Actividad para el hogar: Con su niño(a), hagan una lista de inventos que les facilitan la vida y la hacen más agradable. Hablen sobre cómo fue inventado cada uno.

Cuaderno de práctica

Nombre _____

Lección 1: Repaso

Usar con las páginas 479–483.

Repasar términos: Unir

Une cada descripción con la palabra correcta. Escribe la letra en la línea junto a cada descripción.

_____ 1. algo que les facilita el trabajo a las personas

_____ 2. uso del conocimiento para diseñar nuevas herramientas y nuevas maneras de hacer las cosas

_____ 3. algo que se hace por primera vez

a. invento
b. herramienta
c. tecnología

Repasar conceptos: Verdadero o falso

Escribe V (verdadero) o F (falso) en la línea que está antes de cada oración.

_____ 4. Las personas usan la tecnología para resolver problemas.

_____ 5. La tecnología no se usaba antes del año 2000.

_____ 6. Los sistemas de una casa trabajan en conjunto.

_____ 7. Los congeladores y los refrigeradores son tecnología.

_____ 8. La tecnología seguirá cambiando en el futuro.

Aplicar estrategias: Escribir

Usa oraciones completas para responder la pregunta 9.
(2 puntos)

9. Escribe una o dos oraciones que describan un invento que hayas usado hoy.

_____

_____

_____

Repaso de la lección

Cuaderno de práctica

Nombre _____

Piensa, lee y aprende

Usar con las páginas 484–489.

Lección 2: Nuevas tecnologías

Antes de leer la Lección 2

Lee las siguientes afirmaciones. Marca el círculo para indicar si estás de acuerdo o en desacuerdo con cada una.

	De acuerdo	En desacuerdo
1. El GPS usa una computadora para calcular una ubicación.	○	○
2. Las fibras ópticas mejoran las comunicaciones.	○	○
3. La televisión se inventó por accidente.	○	○

Después de leer la Lección 2

Vuelve a leer las afirmaciones anteriores. Si la lección apoya tu elección, marca el círculo *Correcto*. Luego, explica cómo apoya el texto tu elección. Si la lección no la apoya, marca el círculo *Incorrecto*. Luego explica por qué tu elección está equivocada.

	Correcto	Incorrecto
1. _____	○	○
2. _____	○	○
3. _____	○	○

Notas para el hogar: Su niño(a) completó un repaso previo y posterior de los conceptos clave de la lección.
Actividad para el hogar: Pida a su niño(a) que escoja alguna tecnología aprendida en la lección y que le diga por qué cree que es importante.

Cuaderno de práctica

Nombre _____

Lección 2: Repaso

Usar con las páginas 484–489.

Repasar términos: Completar oraciones

Completa la oración con la palabra correcta.

_____ 1. ____ es una máquina que almacena, procesa y envía información electrónica. (El microondas, La computadora)

Repasar conceptos: Completar oraciones

Completa cada oración con la palabra o frase correcta.

_____ 2. El ____ ayuda a los navegantes a ubicar su posición. (GPS, microondas)

_____ 3. Las calculadoras, las cámaras y los relojes digitales usan ____. (chips de computadora, satélites)

_____ 4. La fibra óptica está hecha de ____. (cobre, vidrio)

_____ 5. El primer sistema de transporte de los Estados Unidos fueron ____. (las autopistas, los ríos)

_____ 6. Los ____ son la manera más rápida de llevar carga de un lugar a otro. (aviones, trenes)

_____ 7. Las microondas son una forma de ____. (radiación, radar)

_____ 8. La ____ es una tecnología que permite hacer pantallas de televisión grandes y planas. (LCD, vidrio)

Aplicar estrategias: Matemáticas

9. En los Estados Unidos hay aproximadamente un millón de camiones. Escribe el número *un millón* en forma normal. (2 puntos)

_____

Nombre _____

Piensa, lee y aprende

Usar con las páginas 490–497.

Lección 3: ¿Cómo nos ayuda la tecnología a obtener energía?

Antes de leer la Lección 3

Lee las siguientes afirmaciones. Marca el círculo para indicar si estás de acuerdo o en desacuerdo con cada una.

	De acuerdo	En desacuerdo
1. Para generar electricidad se necesita agua corriente.	○	○
2. El viento y el agua generan la mayor parte de nuestra energía.	○	○
3. Las casas pueden usar energía solar.	○	○

Después de leer la Lección 3

Vuelve a leer las afirmaciones anteriores. Si la lección apoya tu elección, marca el círculo *Correcto*. Luego, explica cómo apoya el texto tu elección. Si la lección no la apoya, marca el círculo *Incorrecto*. Luego explica por qué tu elección está equivocada.

	Correcto	Incorrecto
1. _____	○	○
2. _____	○	○
3. _____	○	○

Notas para el hogar: Su niño(a) completó un repaso previo y posterior de los conceptos clave de la lección.
Actividad para el hogar: Con su niño(a), investiguen cómo se produce la electricidad que usan. Hablen sobre algunas formas en que este método afecta al ambiente.

Cuaderno de práctica

Nombre _____

Lección 3: Repaso

Usar con las páginas 490–497.

Repasar conceptos: Verdadero o falso

Escribe **V** (verdadero) o **F** (falso) en la línea que está antes de cada oración.

_____ 1. El agua se usaba para generar energía antes de la invención de la electricidad.

_____ 2. Los molinos de viento y los molinos de agua contaminan el aire y el agua.

_____ 3. El viento y el agua son recursos renovables.

_____ 4. Las represas de energía hidroeléctrica se usan para producir electricidad.

_____ 5. La energía del carbón quemado se puede usar para producir electricidad.

_____ 6. La energía solar es la energía del viento.

_____ 7. Los molinos de viento transforman la energía cinética del viento en electricidad.

_____ 8. A través de la historia, la tecnología sólo se ha desarrollado en los Estados Unidos.

Aplicar estrategias: Secuencia

9. A continuación se muestran en desorden los pasos del uso de carbón para producir electricidad. Usa las palabras clave para escribir los pasos en el orden correcto.

Finalmente, la presión del vapor hace girar las ruedas de las turbinas que mueven los generadores de electricidad.

Después se usa el calor para hervir agua.

Primero, se quema carbón para producir calor.

Luego, el agua hervida produce vapor.

_____

_____

_____

162A Repaso de la lección

Cuaderno de práctica

Nombre _____

Matemáticas en Ciencias

Usar con el Capítulo 17.

Línea cronológica de la tecnología

En menos de cien años, la humanidad pasó de la invención del avión a enviar personas al espacio exterior. Mira los sucesos que aparecen en la tabla. Marca cada uno en la siguiente línea cronológica y luego rotúlalos. El primero ya está marcado.

Historia de la aviación

Año	Suceso
1903	Primer vuelo tripulado de un avión de gasolina
1926	Primer lanzamiento de un cohete cargado de líquido
1958	El primer satélite gira en órbita terrestre
1969	Primera nave espacial que desciende en la Luna
1981	Primer vuelo de una nave espacial que regresa, aterriza y se puede reutilizar
2000	Primera tripulación enviada a la Estación Espacial Internacional

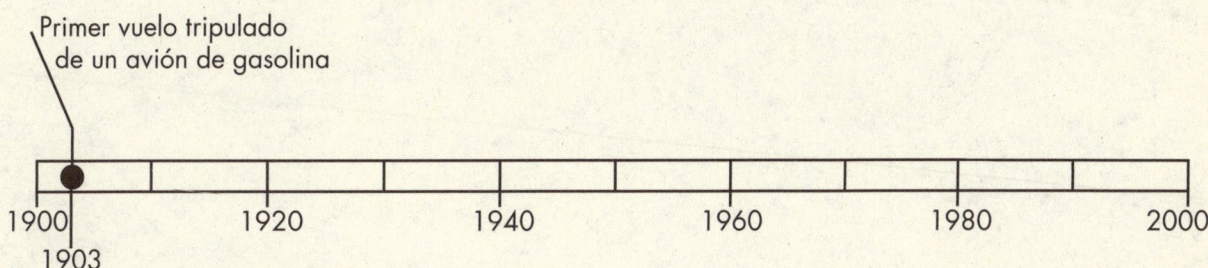

Notas para el hogar: Su niño(a) anotó sucesos en una línea cronológica.
Actividad para el hogar: Ayude a su niño(a) para que haga una tabla que muestre los sucesos importantes de su vida y las fechas en que ocurrieron. Luego, pídale que los anote en una línea cronológica como la de esta página.

Cuaderno de práctica

Notas

Libro para el hogar

Usar con el Capítulo 17.

Querida familia:

Su niño(a) está aprendiendo sobre la forma en que la ciencia y la tecnología pueden afectar nuestra vida diaria. En el capítulo de Ciencias "Las ciencias en nuestra vida", nuestra clase aprendió sobre la forma en que la tecnología nos ayuda a resolver problemas. También hemos aprendido sobre nuevas tecnologías, por ejemplo el Sistema de Posicionamiento Global (GPS), y cómo mejoran nuestra vida.

Los estudiantes también aprendieron muchas palabras nuevas de vocabulario. Ayude a su niño(a) para que estas palabras pasen a formar parte de su propio vocabulario y úsenlas al hablar de ciencia y adelantos tecnológicos.

> herramienta
> tecnología
> invento
> computadora

Las páginas siguientes contienen actividades que usted y su niño(a) pueden hacer juntos. Su participación en la educación de su niño(a) ayudará a trasladar el aprendizaje al hogar.

© Pearson Education, Inc.

Actividad de Ciencias en familia
Collage de tecnología

Materiales:
- revistas y periódicos
- tijeras
- pegamento
- marcador
- hoja de papel grande o cartulina

Pasos:

1. Busquen fotografías e imágenes en revistas y periódicos que muestren ejemplos de tecnología actual.
2. Pida a su niño(a) que recorte las imágenes que le gustaría incluir en un collage.
3. Pídale a su niño(a) que haga un diseño que le guste con las imágenes. Luego péguenlas según el diseño.
4. Pida a su niño(a) que escriba un título para el collage. Escriban una leyenda para cada imagen que explique la manera en que las personas usan esas formas de tecnología en su vida diaria.

Cuaderno de práctica · Libro para el hogar **165**

Práctica de vocabulario

Escribe en la línea la respuesta de cada adivinanza. Cada respuesta es una palabra de vocabulario.

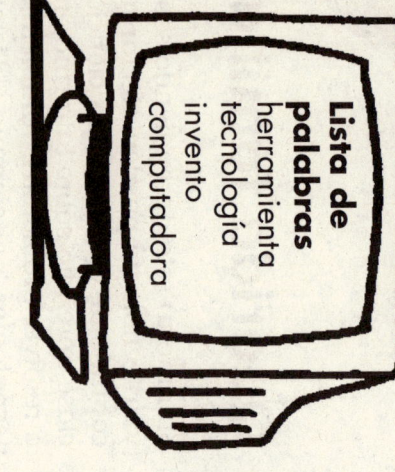

Lista de palabras
herramienta
tecnología
invento
computadora

1. Puedo almacenar información para que no la olvides. ¿Qué soy? _____

2. Vengo de las ideas que tienen las personas. Soy un teléfono, un automóvil, incluso una rueda sencilla. ¿Qué soy? _____

3. Puedes usarme para facilitar tu trabajo. ¿Qué soy? _____

4. Me usas para diseñar herramientas y nuevas maneras de hacer las cosas. ¿Qué soy? _____

© Pearson Education, Inc.

¡Hora de hacer una herramienta!

Inventen una nueva herramienta. Dibújenla. Escriban oraciones que digan cómo su herramienta facilita el trabajo.

166 Libro para el hogar

Cuaderno de práctica

Nombre _____

Uso de ilustraciones en Ciencias

Usar con el Capítulo 1, p. 21.

¿Cómo es el ciclo de vida de las plantas?

Las plantas en crecimiento necesitan agua, aire, temperatura adecuada y luz del Sol. Las siguientes ilustraciones muestran el ciclo de vida de la planta de maní.

1. La parte que comes del maní es una **semilla**.

2. De la semilla salen un **tallo** y una **raíz**.

3. A la planta de maní le brotan hojas. Puede empezar a producir azúcar que le sirve de alimento.

4. La planta adulta produce semillas bajo tierra.

Responde las preguntas.

1. ¿Cuántos pasos tiene el ciclo de vida del maní?

   _____

2. ¿Qué puede hacer una planta de maní cuando le brotan las hojas?

   _____

3. ¿Dónde produce sus semillas la planta adulta de maní?

   _____

4. ¿Qué necesita una planta en crecimiento?

   _____

Cuaderno de práctica   Uso de ilustraciones en Ciencias **167**

Nombre _____

Uso de ilustraciones en Ciencias

Usar con el Capítulo 1, p. 15.

¿Cómo se poliniza una flor?

Las abejas, otros animales o el viento polinizan las flores. Esto sucede cuando llevan el polen hasta la parte de la flor que produce semillas. Después de que ha sido polinizada, a la flor le crecen semillas y fruto.

Los pétalos de colores de la flor atraen a las abejas y otros animales.

Esta abeja está buscando alimento. Tiene polen en su cuerpo. La abeja lleva el polen hasta la parte de la flor que produce semillas.

El polen que cae en la punta de esta parte ayuda a formar las semillas ahí mismo.

Esta parte de la flor produce el polen.

Responde las preguntas.

1. ¿Por qué se acerca la abeja a la flor?
   _____

2. ¿Qué parte de la flor atrae a los animales?
   _____

3. ¿Qué parte de la planta produce las semillas?
   _____

4. ¿Cómo polinizan el viento, las abejas y otros animales a las plantas?
   _____

5. ¿Qué sucede cuando la flor ha sido polinizada?
   _____

Nombre _____

Uso de ilustraciones en Ciencias

Usar con el Capítulo 2, p. 43.

¿Qué son los invertebrados?

Los invertebrados no tienen columna vertebral. Forman el grupo de animales más grande de la Tierra.

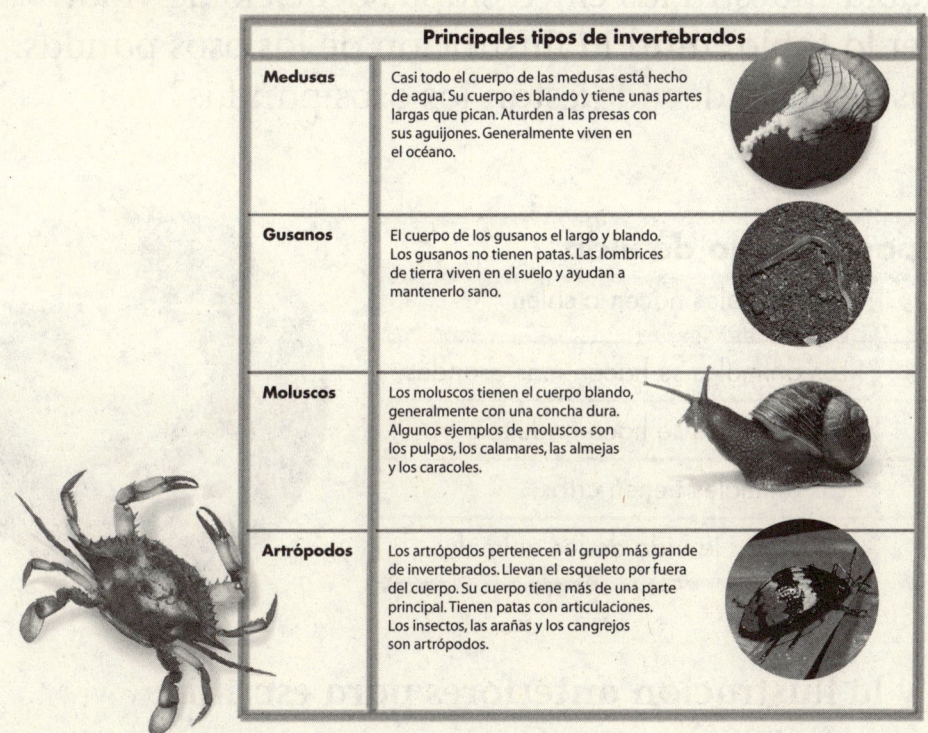

Principales tipos de invertebrados		
Medusas	Casi todo el cuerpo de las medusas está hecho de agua. Su cuerpo es blando y tiene unas partes largas que pican. Aturden a las presas con sus aguijones. Generalmente viven en el océano.	
Gusanos	El cuerpo de los gusanos el largo y blando. Los gusanos no tienen patas. Las lombrices de tierra viven en el suelo y ayudan a mantenerlo sano.	
Moluscos	Los moluscos tienen el cuerpo blando, generalmente con una concha dura. Algunos ejemplos de moluscos son los pulpos, los calamares, las almejas y los caracoles.	
Artrópodos	Los artrópodos pertenecen al grupo más grande de invertebrados. Llevan el esqueleto por fuera del cuerpo. Su cuerpo tiene más de una parte principal. Tienen patas con articulaciones. Los insectos, las arañas y los cangrejos son artrópodos.	

Responde las siguientes preguntas.

1. ¿Qué tienen en común todos los invertebrados?

   _____

2. ¿Qué clase de invertebrado es el pulpo?

   _____

3. ¿Qué tienen en común las medusas, las lombrices y los moluscos?

   _____

4. ¿Qué clase de invertebrado es la mosca?

   _____

5. ¿Qué grupo de animal es el más grande de la Tierra?

   _____

Cuaderno de práctica

Nombre _____

Uso de ilustraciones en Ciencias

Usar con el Capítulo 2, pp. 44–47.

¿Cómo crecen y cambian los animales?

Todos los animales crecen y cambian durante su ciclo de vida. La siguiente tabla muestra las cinco etapas del ciclo de vida. Después de leer la tabla, mira la ilustración de los osos pandas. ¿En qué etapas del ciclo de vida están los osos pandas?

Etapas del ciclo de vida	
Nacimiento	Los animales nacen o salen de un huevo.
Crecimiento	Los animales se hacen más grandes.
Desarrollo	Los animales se hacen adultos.
Reproducción	Los animales tienen crías.
Muerte	Se acaba la vida de los animales.

Usa la tabla y la ilustración anteriores para escribir las palabras que faltan.

1. El cachorro de oso panda está en la etapa de
   _____. (reproducción/nacimiento)

2. La mamá panda está en la etapa de _____.
   (reproducción/desarrollo)

3. La etapa de _____ es cuando el animal se hace adulto.

4. Los animales se hacen más grandes durante la etapa de
   _____.

5. La vida de los animales se acaba con la
   _____.

Nombre _____

Uso de ilustraciones en Ciencias

Usar con el Capítulo 3, pp. 78–79.

¿Qué hay en un ecosistema?

El ambiente de un ser vivo es todo lo que lo rodea. Un ecosistema son todas las partes vivas y sin vida que interactúan entre sí en un ambiente. El clima determina cómo es cada ambiente. Clima es el estado del tiempo de un lugar durante el año.

El ecosistema desértico
El Parque Nacional Joshua Tree es un ecosistema desértico. En el desierto llueve poco. Es caluroso durante el día y frío durante la noche. El lince caza aves y otros animales pequeños de noche. La serpiente de cascabel cornuda generalmente busca animales pequeños para comer de noche.

Responde las preguntas sobre el ecosistema anterior.

1. ¿Cómo es el clima? ¿Caluroso o frío? ¿Húmedo o seco?

   _____

2. ¿Qué seres vivos ves?

   _____

3. ¿Este ecosistema es un buen lugar para un lince? ¿Por qué?

   _____

4. ¿Por qué crees que la serpiente de cascabel cornuda caza de noche?

   _____

Cuaderno de práctica

Nombre _____

Uso de ilustraciones en Ciencias

Usar con el Capítulo 3, p. 75.

¿Cómo cambian los ecosistemas con el paso del tiempo?

Los ecosistemas comienzan a cambiar cuando una parte del ecosistema cambia. Por ejemplo, si llueve más que de costumbre, las plantas crecerán más y las ardillas tendrán más comida. Su población aumentará. Los coyotes comen ardillas. Si hay más ardillas para comer, la población de coyotes aumentará.

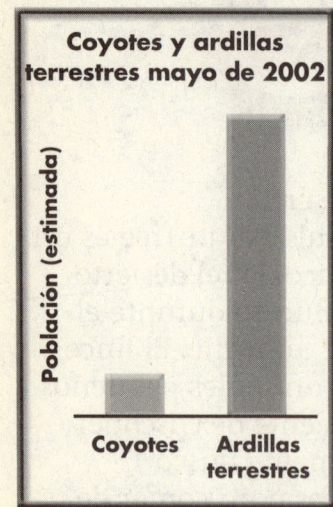

Si hay más alimento, la población de ardillas aumenta.

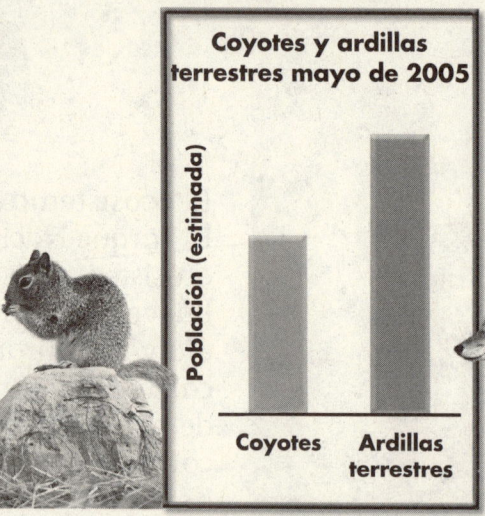

Si aumenta la población de ardillas, hay más alimento para los coyotes. La población de coyotes aumenta.

Responde las preguntas sobre la información anterior.

1. ¿Cómo influye el estado del tiempo para que cambie un ecosistema?

   _____

2. ¿Qué sucede con la población de ardillas cuando hay más plantas?

   _____

3. ¿Por qué aumenta la población de coyotes?

   _____

Nombre _____

Uso de ilustraciones en Ciencias

Usar con el Capítulo 4, pp. 106–107.

¿Cómo obtienen energía los seres vivos?

La luz solar proporciona energía para las plantas. Las plantas producen su propio alimento con la energía del Sol. Son productoras. Los animales obtienen su energía de las plantas o de comerse a otros animales. Son consumidores.

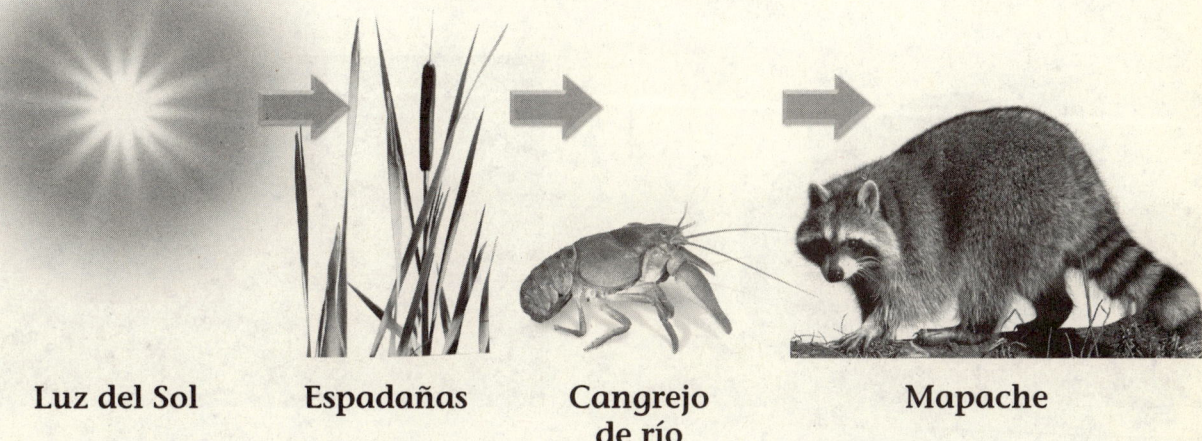

Una cadena alimentaria

Luz del Sol   Espadañas   Cangrejo de río   Mapache

Responde estas preguntas sobre la anterior cadena alimentaria.

1. ¿Dónde comienza la energía en esta cadena alimentaria?
   _____

2. ¿Quiénes son los productores en esta cadena alimentaria?
   _____

3. ¿Quiénes son los consumidores en esta cadena alimentaria?
   _____

4. ¿Crees que el mapache es el último en esta cadena alimentaria? Explica.
   _____
   _____

Cuaderno de práctica   Uso de ilustraciones en Ciencias **173**

Nombre _____

Uso de ilustraciones en Ciencias

Usar con el Capítulo 4, p. 114.

¿Cómo cambian el ambiente los castores?

Las plantas y los animales pueden cambiar su ambiente. Por ejemplo, los castores construyen diques con ramas y barro. El agua se acumula detrás del dique y se forma un nuevo hábitat de humedal. Los peces, las aves y otros animales pueden vivir allí. Pero algunos animales no pueden vivir en el nuevo humedal. Ellos tienen que hallar otros hogares o pueden morir.

Castor

Dique de castores

Responde estas preguntas

1. ¿Cómo cambian su ambiente los castores?
   _____

2. ¿Qué hábitat nuevo crece junto a los diques de los castores?
   _____

3. ¿Qué animales pueden vivir en el nuevo hábitat de humedal?
   _____

4. ¿Qué sucede con los animales que no pueden vivir en el nuevo humedal?
   _____

Nombre _____

Uso de ilustraciones en Ciencias

Usar con el Capítulo 5, p. 155.

¿De dónde podemos obtener agua dulce?

Las personas necesitan beber agua dulce. Sólo una pequeña cantidad del agua de la Tierra es dulce. La mayor parte está congelada en forma de hielo. Una parte de esta agua viene de debajo de la tierra y se llama agua subterránea. Un manantial es una corriente de agua subterránea que brota del suelo. Las personas cavan pozos para obtener agua subterránea. También obtenemos agua dulce de lagos, ríos y arroyos.

Casi toda el agua dulce está en forma de hielo. Este iceberg de hielo está cerca de Antártida.

Un manantial es una corriente de agua subterránea.

Responde estas preguntas sobre el agua dulce.

1. ¿Por qué necesitamos agua dulce?
   _____

2. ¿En qué forma se encuentra la mayor parte del agua dulce de la Tierra?
   _____

3. Parte del agua dulce brota de la Tierra. ¿Cómo se llama?
   _____

4. ¿De qué otras formas obtienen agua dulce las personas?
   _____
   _____

Nombre _____

Uso de ilustraciones en Ciencias

Usar con el Capítulo 5, pp. 158–159.

¿Cómo se mueve el agua por la Tierra?

El ciclo del agua es el movimiento del agua desde la superficie de la Tierra hacia el aire y de regreso nuevamente. El agua cambia durante el ciclo del agua. El Sol y el viento hacen que el agua se evapore y se convierta en vapor de agua. El vapor de agua sube hasta donde el aire más frío y se convierte en gotitas de agua. Esto se llama condensación. Cuando las gotitas de agua se hacen más pesadas, caen al suelo en forma de lluvia, nieve, aguanieve o granizo.

Precipitación
Evaporación
Corriente de agua subterránea
Corriente de agua de un arroyo

Responde estas preguntas sobre el ciclo del agua.

1. La ilustración muestra que el agua se mueve desde la superficie de la Tierra hacia el aire y de regreso nuevamente. ¿Cómo se llama esto?

   _____

2. ¿En qué se convierte el agua cuando se evapora?

   _____

3. ¿En qué se convierte el vapor de agua cuando se eleva?

   _____

4. Cuando las gotitas de agua se hacen pesadas, ¿qué sucede?

   _____

Nombre _____

Uso de ilustraciones en Ciencias

Usar con el Capítulo 6, pp. 176–177.

¿Cómo miden el estado del tiempo los científicos?

Los científicos usan muchos instrumentos para medir y describir el estado del tiempo. Esos instrumentos también los ayudan a describir la atmósfera. La atmósfera tiene peso. Por eso presiona hacia abajo con una fuerza llamada presión del aire. A menudo, la baja presión de aire significa que el tiempo estará nublado o lluvioso. La alta presión de aire significa cielo despejado.

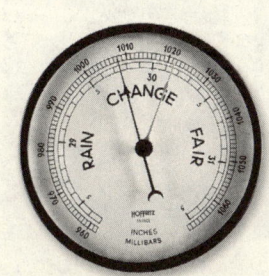

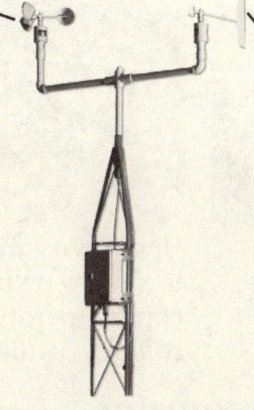

Anemómetro
Este instrumento mide la rapidez del viento.

Veleta
Este instrumento indica la dirección del viento.

Barómetro
Este instrumento mide la presión de aire.

Responde estas preguntas sobre cómo se mide el estado del tiempo.

1. ¿Qué instrumento mide la rapidez del viento?
   _____

2. ¿Para qué se usa la veleta?
   _____

3. ¿Para qué se usan todos estos instrumentos?
   _____

4. ¿Qué causa la presión de aire?
   _____

5. Si la presión de aire es baja, ¿cómo podría ser el tiempo?
   _____

Cuaderno de práctica

Nombre _____

Uso de ilustraciones en Ciencias

Usar con el Capítulo 6, pp. 182–183.

¿Qué tormentas son peligrosas?

Algunas tormentas pueden ser peligrosas. Los **huracanes** son tormentas enormes que se forman sobre el océano. Tienen grandes lluvias, vientos y olas. Los **tornados** son columnas de aire que giran muy rápido y que se forman debajo de las nubes de las tormentas eléctricas. Los tornados son mucho más pequeños que los huracanes, pero a veces tienen vientos más fuertes. Una **nevasca** es una tormenta de nieve en invierno.

Los **huracanes** causan la mayor parte de los daños cuando llegan a tierra firme.

Una **nevasca** es una tormenta de invierno con temperaturas bajas y ráfagas de nieve.

Las lluvias fuertes y las olas grandes pueden causar inundaciones.

Casi todos los **tornados** tienen vientos muy fuertes.

Responde estas preguntas.

1. ¿Cuándo causan más daño los huracanes?
   _____

2. ¿Qué es una nevasca?
   _____

3. ¿Qué causa las inundaciones?
   _____

4. ¿En qué se parecen los tornados y los huracanes? ¿En qué se diferencian?
   _____
   _____
   _____

Nombre _____

Uso de ilustraciones en Ciencias

Usar con el Capítulo 7, págs. 200 y 201.

¿Cuáles son los tres principales grupos de rocas?

Hay tres grupos principales de rocas: **ígneas**, **sedimentarias** y **metamórficas**. Cada grupo contiene muchos tipos de rocas.

Ígneas

Sedimentarias

Metamórficas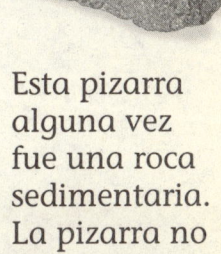

Este granito es una roca ígnea. Todas las rocas ígneas tienen granos. Los granos pueden ser grandes o pequeños.

Este esquisto es roca sedimentaria. Todas las rocas sedimentarias tienen capas.

Este gneis alguna vez fue una roca ígnea con granos. Ahora los granos del gneis son capas. Todas las rocas metamórficas provienen de otro tipo de roca.

Esta pizarra alguna vez fue una roca sedimentaria. La pizarra no tiene capas como el esquisto.

Responde estas preguntas sobre los grupos de rocas

1. ¿Cuál es un ejemplo de una roca ígnea?
   _____

2. ¿Cuál es un ejemplo de una roca sedimentaria?
   _____

3. ¿En qué se diferencian las rocas metamórficas de otros grupos de rocas?
   _____

4. ¿Qué tipo de roca es el esquisto? ¿En qué se puede transformar el esquisto?
   _____

5. ¿De qué tipo de roca proviene el gneis?
   _____

Cuaderno de práctica

Uso de ilustraciones en Ciencias

Nombre _____

Uso de ilustraciones en Ciencias

Usar con el Capítulo 7, p. 203.

Algunas propiedades de los minerales

Un **mineral** es un material natural que se forma de materia sin vida. Las rocas están hechas de minerales. Los minerales se pueden comparar por el **color**, el **lustre** (la forma en que reflejan la luz), el **rayado** (el tipo de marca que dejan) y la **dureza**.

Propiedades de los minerales

Mineral	Color	Lustre	Raya	Dureza
Mica Al ser golpeada, la mica se separa en trocitos.	negro gris verde violeta	perlado en la superficie	blanca	Puede rasparse con un cuchillo.
Molibdenita Éste es uno de los minerales más duros y más usados. Es resistente al calor.	plateado	metálico	gris azulada	Puede rasparse con las uñas.
Crocoíta Gran parte de este mineral viene de Australia.	anaranjado rojizo	muy brilloso	amarillo anaranjada	Puede rasparse con una moneda.

Responde estas preguntas.

1. ¿Qué mineral es el más blando? ¿Cómo lo sabes?

   _____

   _____

2. ¿Qué mineral brillaría menos al sol? ¿Por qué?

   _____

   _____

3. ¿Qué sucede si frotas molibdenita contra otra roca?

   _____

   _____

4. ¿Qué mineral es más seguro de usar cerca del fuego?

   _____

Nombre _____

Uso de ilustraciones en Ciencias

Usar con el Capítulo 8, p. 230.

¿Qué es la meteorización?

Toda acción que rompe las rocas en trozos más pequeños se llama **meteorización.** Existen muchas razones para que ocurra la meteorización. La congelación del agua y el derretimiento del hielo pueden partir las rocas. Las plantas y los animales también pueden producir meteorización.

Meteorización
A medida que crecen, las raíces de este árbol ayudan a romper la roca.

Responde estas preguntas sobre la meteorización.

1. ¿Qué es la meteorización?
   _____

2. ¿Cuáles son algunas razones para que ocurra la meteorización?
   _____

3. ¿Cómo transforman la roca las raíces del árbol?
   _____

4. ¿Qué tipo de accidente geográfico muestra esta ilustración?
   _____

Cuaderno de práctica

Nombre _____

Uso de ilustraciones en Ciencias

Usar con el Capítulo 8, pp. 232–233.

¿Qué es la erosión?

Después de la meteorización, los materiales pueden permanecer en su sitio o moverse. Cuando los materiales meteorizados como rocas y arena se mueven, ocurre **erosión**. El viento, el agua, los glaciares y la gravedad pueden producir erosión.

Éste es el cañón Bryce en Utah. La lluvia y la nieve derretida provocaron la erosión. Estas extrañas formas se llaman "*hoodoos*".

Responde las siguientes preguntas.

1. ¿Qué provocó la erosión en el paisaje de esta ilustración?

   _____

2. ¿Qué fuerzas pueden provocar erosión?

   _____

3. ¿Cómo se llaman las extrañas formas del cañón Bryce?

   _____

Nombre _____

Uso de ilustraciones en Ciencias

Usar con el Capítulo 9, p. 250.

¿Qué es la conservación?

Algunos recursos naturales se pueden agotar. Otros se pueden usar una y otra vez. Es importante que protejamos nuestros recursos naturales. Cuando no desperdiciamos ni agotamos nuestros recursos naturales, practicamos la **conservación**.

El agua que sale de las casas pasa por unos filtros de arena en estanques como estos. Los granjeros usan el agua reciclada para regar sus naranjos.

El agua sucia llega por unos tubos hasta un humedal de Florida. Se limpiará lo suficiente para enviarla por otros tubos a un río.

Responde estas preguntas sobre la conservación.

1. ¿Qué recurso natural ves en ambas fotografías?
   _____

2. ¿Cómo se practica la conservación en los humedales?
   _____

3. ¿Cómo reciclan el agua los árboles de la foto de la derecha?
   _____

4. ¿Cuáles son algunas formas en que puedes ayudar a conservar agua?
   _____

Cuaderno de práctica   Uso de ilustraciones en Ciencias

Nombre _____

Uso de ilustraciones en Ciencias

Usar con el Capítulo 9, p. 252.

¿Cuánto pesa un año de basura?

Un relleno sanitario es una zona grande donde se entierra la basura. La basura de un relleno sanitario nunca desaparece. Por lo tanto, se necesitan cada vez más y más áreas para hacer rellenos sanitarios.

¿Cuánto pesa la basura que tiras en un año?	
Materiales	Masa (en kilogramos)
 Papel	250
Plástico 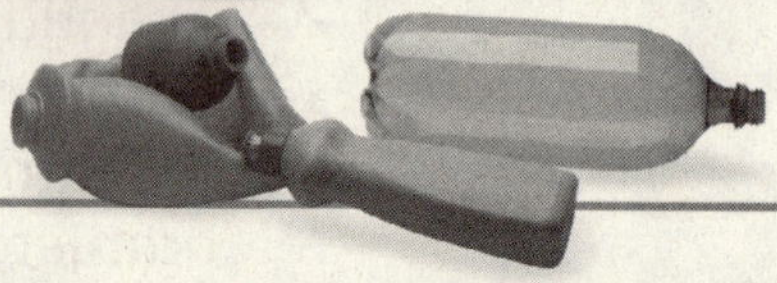	80
 Metal (latas de acero)	40
Metal (latas de aluminio) 	10
Vidrio 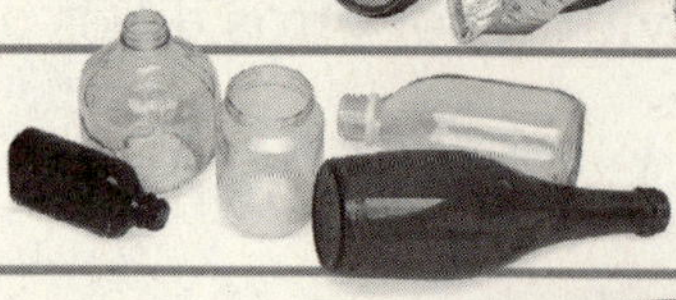	40
Restos de comida 	80

Responde estas preguntas.

1. ¿Qué tipo de basura es la que más tiran las personas?

   _____

2. ¿Aproximadamente cuánto plástico y vidrio tira una persona en un año?

   _____

3. ¿Cómo puedes ayudar a la conservación del papel?

   _____

Nombre _____

Uso de ilustraciones en Ciencias

Usar con el Capítulo 10, p. 288.

¿Cómo medimos el volumen?

El **volumen** de un objeto es la cantidad de espacio que ocupa. Se puede medir el volumen de los objetos sólidos. La unidad de medida es una **unidad cúbica**. Para hallar el volumen de un objeto sólido, calculas la cantidad de unidades cúbicas que caben en él.

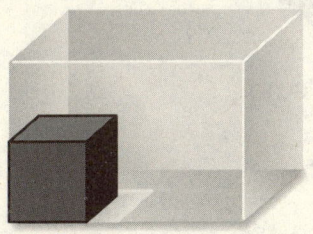

1 unidad cúbica

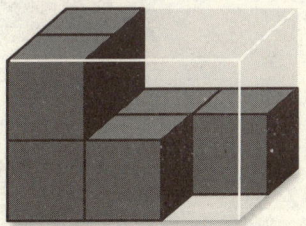

Llena la caja con cubos para hallar su volumen.

Responde estas preguntas sobre la medición del volumen.

1. ¿Para qué se usa la unidad cúbica?
   _____

2. ¿Cómo se mide el volumen de la caja de arriba?
   _____

3. ¿Qué puedes medir con unidades cúbicas en tu salón de clases?
   _____
   _____

Cuaderno de práctica Uso de ilustraciones en Ciencias

Nombre _____

Uso de ilustraciones en Ciencias

Usar con el Capítulo 10, p. 288.

¿Como medimos el volumen?

Para medir el volumen usamos la **unidad cúbica**.

12 cubos llenan la caja.
El volumen es
12 unidades cúbicas.

Responde estas preguntas.

1. ¿Cuántos cubos llenan la caja?

   _____

2. ¿Cómo sabes cuál es el volumen de una caja?

   _____

   _____

3. ¿Hay alguna otra forma de medir el volumen de la caja?

   _____

   _____

Nombre _____

Uso de ilustraciones en Ciencias

Usar con el Capítulo 11, p. 305.

¿Cuáles son los tres estados de la materia?

La materia se puede encontrar en tres formas: sólida, líquida y gaseosa. Los cambios físicos, como el cambio de temperatura, hacen que la materia cambie de estado. Aunque la materia cambie de estado, sigue siendo la misma.

Estados del agua

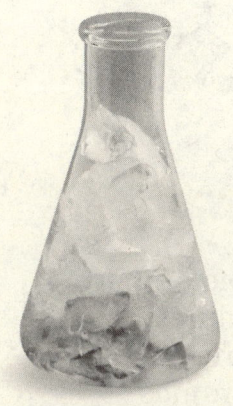  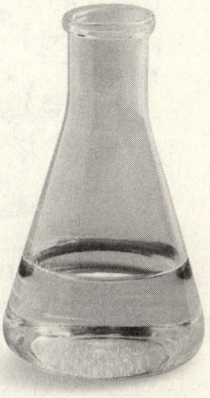

El hielo es un **sólido** y las partículas están muy unidas.

En el agua **líquida**, las partículas se deslizan unas entre otras.

Las partículas de agua están muy separadas en este **gas** llamado vapor de agua.

Responde estas preguntas sobre la materia.

1. ¿Qué tiene de semejante la materia de los tres recipientes?

   _____

2. ¿Cuáles son los 3 estados de la materia que se ven en las ilustraciones?

   _____

3. ¿Qué hace que el agua cambie de forma?

   _____

Cuaderno de práctica

Nombre _____

Uso de ilustraciones en Ciencias

Usar con el Capítulo 11, pp. 310–311.

¿Qué es un cambio químico?

En un cambio químico, un tipo de materia se transforma en otro, pero generalmente no puede volver a ser lo que era antes.

La oxidación es un cambio químico lento. Con la ayuda del agua, la cadena de hierro se combina con el gas oxígeno del aire y se convierte lentamente en óxido. El óxido no puede transformarse de nuevo en hierro.

Quemar es un cambio químico rápido. Al quemar ramas, la madera se convierte en gases y cenizas. Las ramas dejan de ser madera.

Responde estas preguntas.

1. ¿Qué muestran las dos ilustraciones?

   _____

2. ¿Qué material muestra un cambio químico lento?

   _____

3. ¿Qué material muestra un cambio químico rápido?

   _____

4. ¿Pueden el hierro o la madera volver al tipo de materia que eran antes?

   _____

Nombre _____

Uso de ilustraciones en Ciencias

Usar con el Capítulo 12, p. 334.

¿Cómo influye la fuerza en el movimiento?

Un empujón o un jalón hace que un objeto se mueva.

Los dos equipos jalan de la cuerda en direcciones opuestas. El equipo que jale con más fuerza logrará mover la cuerda en su dirección.

Responde estas preguntas sobre fuerza y movimiento.

1. ¿Qué sucede si empujas o jalas un objeto?
   _____

2. ¿Qué hacen igual los dos equipos de la ilustración?
   _____

3. ¿Y qué están haciendo diferente los dos equipos?
   _____

4. ¿Qué equipo ganará esta competencia de la cuerda?
   _____

Nombre _____

Uso de ilustraciones en Ciencias

Usar con el Capítulo 12, p. 340.

¿Cómo influyen las máquinas simples en el trabajo?

Las máquinas simples les facilitan el trabajo a las personas. Los planos inclinados y las cuñas son dos máquinas simples que facilitan el trabajo.

El plano inclinado, o rampa, es una superficie inclinada que conecta un nivel bajo con un nivel más alto.

La cabeza de esta hacha es una cuña. Las cuñas se usan para separar, cortar o sujetar cosas.

Responde estas preguntas.

1. ¿Qué hacen las máquinas simples?
   _____

2. ¿Cuáles son dos tipos de máquinas simples?
   _____

3. ¿Para qué se usan las cuñas?
   _____

4. ¿Qué es un plano inclinado?
   _____

Nombre _____

Uso de ilustraciones en Ciencias

Usar con el Capítulo 13, p. 363.

¿Cómo cambia de forma la energía?

La energía se presenta en diferentes formas. Estas son cinco que usas a diario.

Formas de energía

Química	Cinética	Eléctrica	Lumínica	Térmica

Esta forma de energía mantiene unidas las partículas de materia, como en los alimentos.	Esta es la energía de los objetos en movimiento. Los juegos movibles en los parques de juegos usan esta energía.	Esta energía puede ir por cables fabricados con un metal especial. Usamos este tipo de energía para hacer funcionar los aparatos eléctricos de nuestras casas.	Los rayos del Sol son energía lumínica. Las plantas producen alimento con la energía lumínica.	Sentimos esta energía en forma de calor.

Responde estas preguntas.

1. ¿Qué tipo de energía usa un subibaja en un parque de juegos?
   _____

2. ¿Qué tipo de energía usan las plantas para producir alimento?
   _____

3. ¿Qué tipo de energía produce el fuego?
   _____

4. ¿Qué tipo de energía necesita una computadora para funcionar?
   _____

Cuaderno de práctica

Nombre _____

Uso de ilustraciones en Ciencias

Usar con el Capítulo 13, p. 376.

¿Qué es la energía eléctrica?

Sigue el camino de la energía eléctrica de un lugar a otro.

1. La corriente eléctrica fluye por un camino que empieza en la parte negativa de la pila.

2. La electricidad fluye por el circuito hasta la parte positiva de la pila.

3. En su camino, la corriente pasa por la bombilla. Un alambre que hay dentro de la bombilla se calienta y se ilumina. La energía eléctrica se convierte en energía calorífica y lumínica.

4. Si levantas la palanca del interruptor, el circuito se interrumpe, o se abre. La luz se apaga. Si vuelves a bajar la palanca, el circuito se cierra. La luz se enciende.

Fuente de energía

Interruptor

Responde estas preguntas.

1. ¿De dónde fluye la corriente eléctrica?

   _____

2. ¿Cómo se transforma la energía eléctrica en la bombilla?

   _____
   _____

3. ¿Qué sucede si levantas el interruptor?

   _____

4. ¿Qué sucede si bajas la palanca?

   _____

Nombre _____

Uso de ilustraciones en Ciencias

Usar con el Capítulo 14, p. 394.

¿Qué son las cuerdas vocales?

Puedes hablar y cantar porque tus cuerdas vocales vibran—es decir, se mueven hacia adelante y hacia atrás. Cuando hablas, tus cuerdas vocales se ponen tensas. Las cuerdas vibran a medida que el aire pasa entre ellas. Cuanto más tensas estén tus cuerdas vocales, más agudo será el tono de tu voz. Cuando aflojas las cuerdas vocales, tu voz se vuelve más grave.

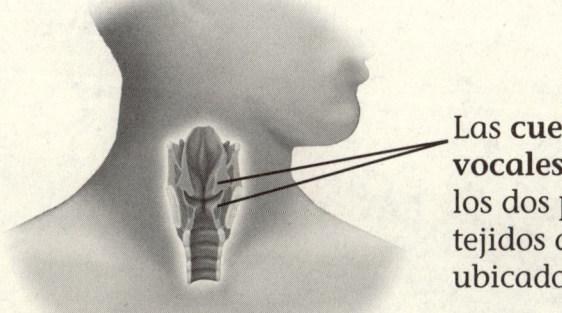

Las **cuerdas vocales** son los dos pares de tejidos delgados ubicados en la tráquea.

Responde estas preguntas sobre las cuerdas vocales.

1. ¿Qué son las cuerdas vocales?
   _____

2. ¿Dónde están las cuerdas vocales?
   _____

3. Pon los dedos junto a tus cuerdas vocales. Zumba suavemente. ¿Qué sucede?
   _____

4. ¿Qué le sucede al tono de tu voz cuando las cuerdas vocales se ponen tirantes?
   _____

Cuaderno de práctica

Nombre _____

Uso de ilustraciones en Ciencias

Usar con el Capítulo 14, p. 400.

¿Cómo escuchamos?

Nuestros oídos reciben las ondas sonoras que viajan hacia el cerebro. El cerebro identifica las señales como sonidos. Así es como escuchamos.

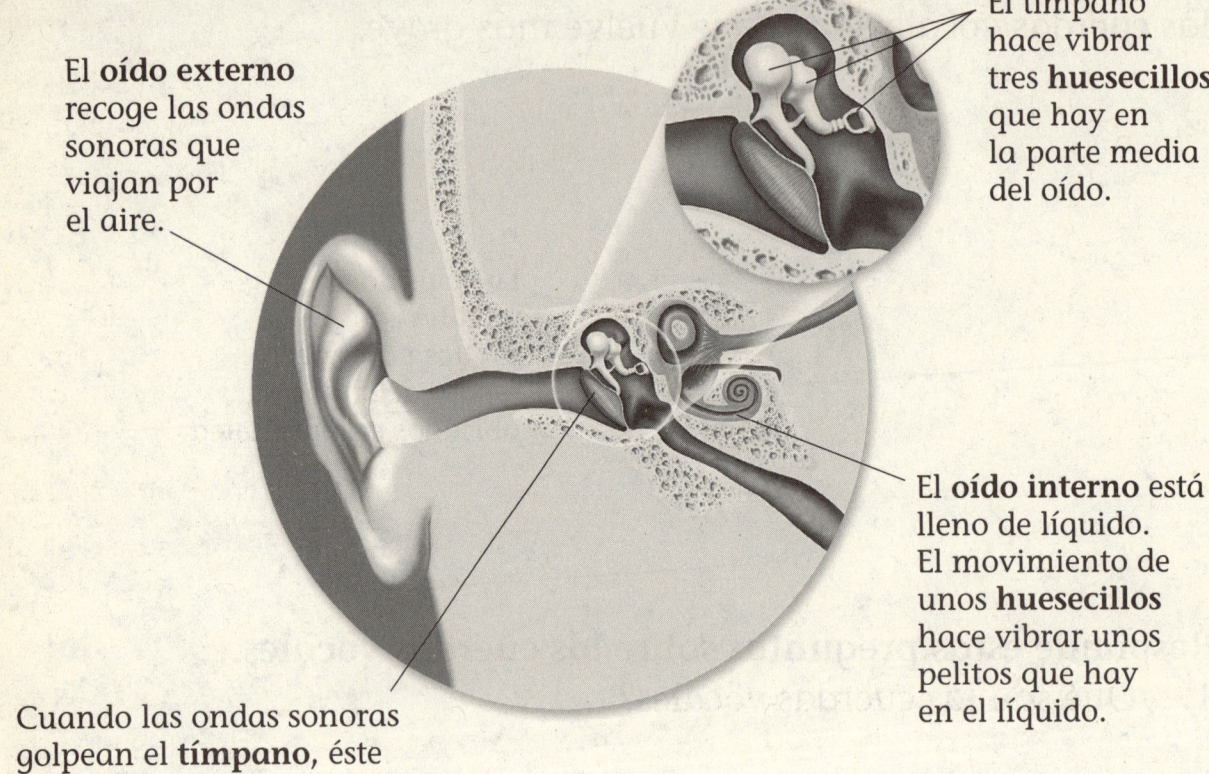

El **oído externo** recoge las ondas sonoras que viajan por el aire.

El **tímpano** hace vibrar tres **huesecillos** que hay en la parte media del oído.

El **oído interno** está lleno de líquido. El movimiento de unos **huesecillos** hace vibrar unos pelitos que hay en el líquido.

Cuando las ondas sonoras golpean el **tímpano**, éste comienza a vibrar.

Responde estas preguntas.

1. ¿En qué orden funcionan las partes del oído para que puedas oír?

   _____

2. ¿A qué están conectados los pelitos finísimos y el líquido en el oído interno?

   _____

3. ¿Qué le sucede al tímpano cuando las ondas sonoras lo golpean?

   _____

Nombre _____

Uso de ilustraciones en Ciencias

Usar con el Capítulo 15, pp. 428–429.

¿Qué patrones se repiten cada día?

La Tierra siempre está en movimiento porque gira o rota sobre su eje. La Tierra da un giro completo o rotación cada 24 horas. Durante ese tiempo, la mitad de la Tierra siempre apunta hacia el Sol. En esa mitad de la Tierra es de día.

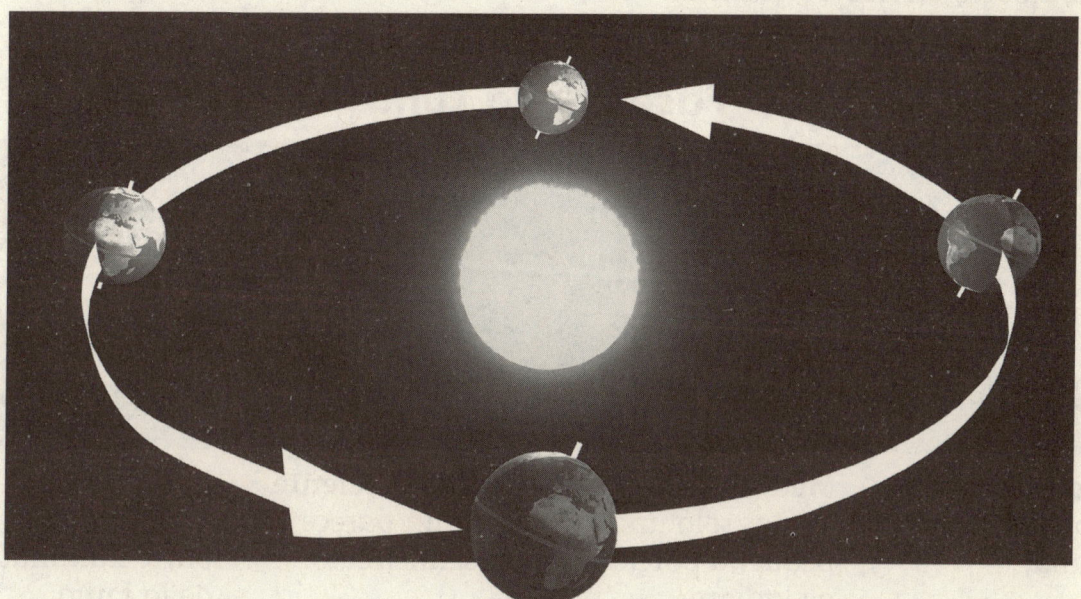

La Tierra completa una revolución al dar una vuelta completa alrededor del Sol. Una revolución tarda un año.

Responde estas preguntas sobre el movimiento de la Tierra.

1. Describe las dos formas como se mueve la Tierra.

   _____

   _____

2. ¿Cuánto se demora la Tierra en dar un giro completo, o rotación?

   _____

3. ¿Cuánto se demora la Tierra en completar una revolución alrededor del Sol?

Cuaderno de práctica

Nombre _____

Uso de ilustraciones en Ciencias

Usar con el Capítulo 15, p. 435.

¿Cuáles son las fases de la Luna?

La siguiente ilustración muestra la Luna girando alrededor de la Tierra. La mitad de la Luna siempre está iluminada por la luz del Sol. La mitad iluminada de la Luna no siempre se puede ver desde la Tierra. Cada una de las formas que parece tomar la Luna vista desde la Tierra es una fase. El patrón de las fases de la Luna se repite aproximadamente cada cuatro semanas.

Fases de la Luna

Luna nueva
No podemos ver la Luna.

Media luna
Vemos sólo una pequeña porción de la parte iluminada de la Luna.

Cuarto creciente
La Luna parece un semicírculo.

Luna llena
Vemos toda la parte iluminada de la Luna.

Responde estas preguntas sobre las fases de la Luna.

1. ¿Qué es una fase de la Luna?

   _____

2. ¿A qué se parece la Luna durante el cuarto creciente?

   _____

3. ¿Por qué no podemos ver la Luna durante la fase de luna nueva?

   _____

   _____

4. ¿Cuánto de la Luna vemos durante la fase de la media luna?

   _____

Nombre _____

Uso de ilustraciones en Ciencias

Usar con el Capítulo 16, pp. 456–457.

¿Cómo se mueven los planetas de nuestro sistema solar?

La Tierra es uno de los nueve planetas de nuestro sistema solar. La Tierra y los otros planetas viajan, o giran, alrededor del Sol, que es el centro del sistema solar. Cada vuelta completa alrededor del Sol es una **órbita**. La fuerte atracción de la gravedad mantiene a los planetas en sus órbitas.

Responde estas preguntas.

1. ¿Qué planeta está más cerca del Sol: Venus o Marte?
   _____

2. ¿Qué planeta está más lejos del Sol: Mercurio o Plutón?
   _____

3. ¿En qué se diferencia el Sol de otros planetas?
   _____
   _____

4. ¿Qué mantiene a los planetas en órbita?
   _____

Cuaderno de práctica

Nombre _____

Uso de ilustraciones en Ciencias

Usar con el Capítulo 16, pp. 460–461.

¿Qué es la Tierra?

Desde el espacio la Tierra se ve azul, blanca y marrón. El agua azul cubre tres cuartas partes de la superficie terrestre. Las nubes y las grandes capas de hielo se ven blancas. La tierra sólida se ve marrón. La vida en la Tierra es posible gracias a sus temperaturas moderadas, el agua líquida y su atmósfera.

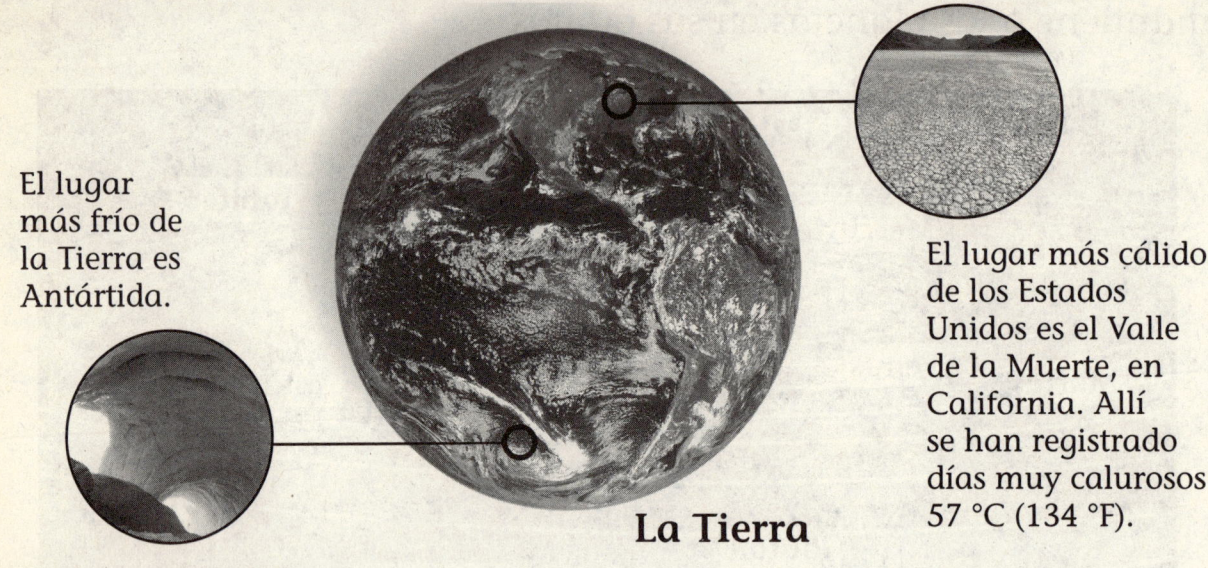

El lugar más frío de la Tierra es Antártida.

El lugar más cálido de los Estados Unidos es el Valle de la Muerte, en California. Allí se han registrado días muy calurosos 57 °C (134 °F).

La Tierra

Responde estas preguntas.

1. ¿De qué color es Antártida en esta fotografía? ¿Por qué?

   _____

2. ¿De qué color es el lugar más cálido de los Estados Unidos? ¿Por qué?

   _____

3. ¿Cómo sabrías dónde hay un océano?

   _____

4. ¿Los patrones de nubes alrededor de la Tierra son siempre iguales? ¿Por qué?

   _____

5. ¿Qué sucedería con la vida en la Tierra si no hubiera agua?

   _____

Nombre _____

Uso de ilustraciones en Ciencias

Usar con el Capítulo 17, p. 480.

Algunos sistemas tecnológicos de una casa

Las partes de una casa o de un apartamento funcionan juntas como un sistema que interactúa.

Tecnología de un hogar

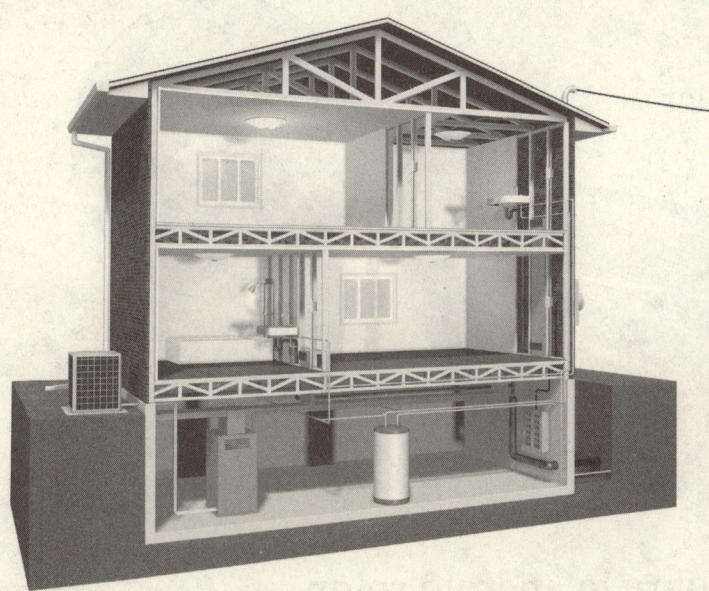

Sistemas de un casa
Armazón
Techos e impermeabilización
Eléctrico
Tuberías
Calefacción/refrigeración

Responde estas preguntas

1. ¿A qué sistema de la casa pertenecen las paredes y el piso?

   _____

2. ¿Qué objeto del diagrama es parte del sistema de calefacción/refrigeración?

   _____

   _____

3. Nombra algunos objetos que usan la tecnología del sistema eléctrico de tu casa.

   _____

Cuaderno de práctica   Uso de ilustraciones en Ciencias

Nombre _____

Uso de ilustraciones en Ciencias

Usar con el Capítulo 17, p. 494.

¿Qué es la energía solar?

Hay personas que trabajan mucho para proponer nuevas tecnologías e inventos que satisfagan nuestras necesidades de energía. La energía solar es la energía de los rayos del Sol y no cuesta mucho.

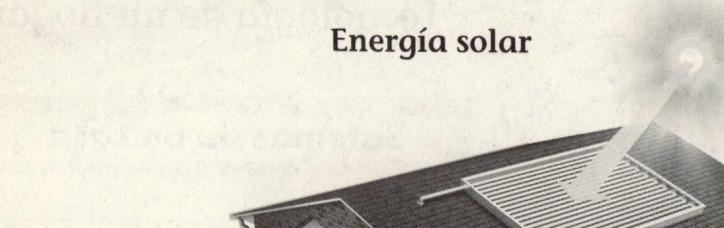

Energía solar

La energía solar calienta el agua en este aparato para el hogar.

Los paneles solares concentran los rayos del Sol. Esta energía se convierte en electricidad.

Responde estas preguntas sobre la energía solar.

1. ¿Dónde puedes ver paneles solares?

   _____
   _____

2. ¿Cómo encienden los paneles solares las luces de una casa?

   _____
   _____

3. ¿Qué hacen los paneles solares para que puedas darte una ducha caliente?

   _____
   _____

4. ¿Por qué sería difícil usar paneles solares para la calefacción y la electricidad si vivieras en lo profundo de un bosque?

   _____
   _____

GRADO 3 CUADERNO DE PRÁCTICA

Credits

Illustrations

176 Peter Bollinger
193, 194 Jeff Mangiat
195, 196, 197 Paul Oglesby
199, 200 Robert Ulrich

Photographs

Every effort has been made to secure permission and provide appropriate credit for photographic material. The publisher deeply regrets any omission and pledges to correct errors called to its attention in subsequent editions.

Unless otherwise acknowledged, all photographs are the property of Scott Foresman, a division of Pearson Education.

167 © DK Images, © Nigel Cattlin/Holt Studios, © Nigel Cattlin/Photo Researchers, Inc., © Kenneth W. Fink/Photo Researchers, Inc. 168 © DK Images, Getty Images. 169 © Charles Melton/Visuals Unlimited, © Brad Mogen/Visuals Unlimited, © Dick Scott/ Visuals Unlimited, © DK Images, © Bettmann/Corbis. 170 © Danny Lehman/Corbis, © Robert PIckett/Corbis, © The Image Bank/Getty Images, © Brian Rogers/Visuals Unlimited. 171 Daniel J. Cox/Natural Exposures, © J. Eastcott/Y. Eastcott Film/NGS Image Collection. 172 Darren Bennett/Animals Animals/Earth Scenes, © Joseph Van Os/Getty Images. 173 © Chase Swift/Corbis, © Carol Havens/Corbis, © Frank Blackburn; Ecoscene/ Corbis, © D. Robert and Lorri Franz/Corbis. 174 Photo Researchers, Inc., © Richard H. Johnston/Getty Images. 175 © M. Timothy O'Keefe/Bruce Coleman Inc., © Wolfgang Kaehler/Corbis. 177 © Terry Renna/AP/Wide World Photos, © Boden/Ledingham/Masterfile Corporation, Digital Vision, © Allan Davey/Masterfile Corporation. 178 © Leonard Lessin/ Peter Arnold, Inc., © DK Images. 179 © DK Images, © Andrew J. Martinez/Photo Researchers, Inc. 180 © DK Images. 181 © Fred Whitehead/Animals Animals/Earth Scenes. 182 © William Manning/Corbis. 183 © Alan Towse/Ecoscene/Corbis, © Kevin Fleming/ Corbis. 188 © Richard Megna/Fundamental Photographs, © DK Images. 189 © Rolf Bruderer/Corbis, © Bob Daemmrich/Corbis, © DK Images. 190 © AGStockUSA, Inc./Alamy Images, © Henry T. Kaiser/Index Stock Imagery, © Lester Lefkowitz/Corbis, © Mark L. Stephenson/Corbis, © Mark C. Burnett/Photo Researchers, Inc. 196 © John Sanford/Photo Researchers, Inc. 198 NOAA, © Maria Stenzel/NGS Image Collection, © Bill Varie/Corbis. 200 Getty Images